La politique étrangère de la Ve République

PAUL-MARIE DE LA GORCE

ARMAND-DENIS SCHOR

OUVRAGES DE
PAUL-MARIE DE LA GORCE

La République et son armée, Fayard.
De Gaulle entre deux mondes, Fayard.
Clausewitz et la stratégie moderne, Seghers.
La France pauvre, Grasset.
La France contre les empires, Grasset.
Pour un nouveau partage des richesses, Grasset.
Naissance de la France moderne : t. I : *L'après-guerre* ; t. II : *Apogée et mort de la IVe République*, Grasset.
L'état de jungle, Balland.
La prise du pouvoir par Hitler, Plon.
La guerre et l'atome, Plon.
L'Empire écartelé, Plon.
Requiem pour les révolutions, Flammarion.
La Première guerre mondiale (sous sa direction), Flammarion.

OUVRAGES DE
ARMAND-DENIS SCHOR

La dévaluation, « Que sais-je ? », 1988 (en collaboration avec Pierre-Hubert Breton).
Le système monétaire européen, « Que sais-je ? », 1987.
Les sociétés d'assurances en France, Documentation française, 1988.

ISBN 2 13 045033 4

Dépôt légal — 1re édition : 1992, décembre

© Presses Universitaires de France, 1992
108, boulevard Saint-Germain, 75006 Paris

Introduction

L'HÉRITAGE
DE LA IVe RÉPUBLIQUE

Au moment où la France va changer de régime et où le général de Gaulle revient au pouvoir, sa politique étrangère est marquée par trois données essentielles : l'intégration dans le bloc atlantique, les débuts de la construction européenne, le poids des conflits d'outre-mer et, plus particulièrement, celui de la guerre d'Algérie.

On peut dater de 1947 l'engagement de la France dans la « guerre froide » qui opposait déjà les Etats-Unis et l'Union soviétique et les débuts de son incorporation dans le camp occidental. Auparavant, et depuis la Libération, elle s'était efforcée d'être, suivant l'expression employée par le général de Gaulle au moment où il formait son dernier gouvernement à la fin de 1945, « un lien et non pas un enjeu ». Mais à la conférence de Moscou de mars 1947 le ministre français des Affaires étrangères Georges Bidault se rangea aux côtés des ministres anglais et américain et s'opposa comme eux aux thèses soviétiques sur le problème allemand et la conférence échoua, annonçant la division durable de l'Allemagne et la formation des deux camps qui allaient se partager l'Europe.

Dès 1947 le gouvernement français fut de ceux qui cherchèrent à obtenir un engagement durable, à la fois politique et militaire, des Etats-Unis en Europe. Une première alliance fut conclue en 1948, par le traité de Bruxelles entre la Grande-Bretagne, la France, la Hollande, la Belgique et le Luxembourg, en principe destinée à prévenir la résurgence d'un danger allemand, mais visant en réalité une éventuelle menace soviétique. En 1949 fut conclu par les mêmes pays, mais cette fois avec les Etats-Unis, le Canada, l'Italie, le Danemark, la Norvège et l'Islande, le traité de l'Atlantique-Nord. Il créait une « Organisation du traité de l'Atlantique-Nord (OTAN), politique et militaire, dont le siège était en France mais où le poids des Etats-Unis se révéla toujours prépondérant. Les armées des pays membres de l'OTAN sur le théâtre européen étaient intégrées en un ensemble unique placé sous les ordres d'un commandant en chef américain. Pour sa défense, la France, en particulier, dépendait donc d'un système intégré et, pour la plus grande part, d'une protection militaire étrangère, celle accordée par les Etats-Unis et, à travers les décisions de l'OTAN, elle adhérait à une stratégie définie principalement par ceux-ci.

Simultanément, la France et les autres pays d'Europe occidentale avaient institué, en 1948, un Conseil de l'Europe, siégeant à Strasbourg, et qui devait débattre des problèmes d'intérêt commun : bien que le gouvernement français ait alors proposé de le doter de pouvoirs réels, il n'en avait pas. En revanche la Communauté européenne du Charbon et de l'Acier (CECA), créée en 1950 à l'initiative du ministre français Robert Schuman à l'instigation du commissaire au plan Jean Monnet, allait régir le fonctionnement des industries charbonnières et sidérurgiques. Mais elle ne comprenait que six Etats : la France, l'Allemagne fédérale, l'Italie, la Hollande, la Belgique et le Luxembourg — la Grande-Bretagne ayant refusé d'y participer. Ce fut aussi entre les « Six » que fut envisagée la création d'une Communauté européenne de Défense (CED).

L'idée en fut lancée en septembre 1950 par le président du Conseil René Pleven — toujours à l'instigation de Jean Monnet — pour répondre à la demande pressante des Etats-Unis, qu'appuyaient les autres pays de l'OTAN, en vue d'une participation allemande à la défense de l'Europe et pour surmonter les très fortes oppositions qui se manifestent en France à l'encontre de tout réarmement de l'Allemagne. Le traité instituant la CED fut signé en 1952 et prévoyait la création d'une armée européenne intégrée se substituant aux armées nationales et qui dépendrait du commandement de l'OTAN. Le 30 août 1954, il fut mis en échec par la majorité de l'Assemblée nationale. Et c'est l'année suivante que la construction européenne fut remise en marche à la conférence de Messine qui allait aboutir en 1956 à la signature des traités de Rome créant, d'une part, la Communauté économique européenne, d'autre part, l'EURATOM, organisme destiné à regrouper sous une autorité commune l'ensemble des industries nucléaires des six pays signataires des traités.

Mais depuis le 1er novembre 1954 la France devait aussi faire face à l'insurrection du FLN (Front de Libération nationale) en Algérie. Elle avait pris de telles proportions que le gouvernement dirigé par le socialiste Guy Mollet en 1956-1957 y avait envoyé plus de 400 000 hommes renforcés par des « unités territoriales » recrutées dans la communauté européenne et par des harkis issus de la communauté musulmane. Les dimensions de la guerre, l'importance des opérations militaires, la multiplication des actes terroristes, la rigueur de leur répression, l'usage de la torture suscitaient d'âpres débats dans l'opinion publique française mais marquaient aussi l'ensemble de la politique étrangère de la France. Succédant à la guerre d'Indochine qui avait duré de décembre 1946 à juillet 1954, la guerre d'Algérie donnait à la plus grande partie de la communauté internationale l'impression que la France, s'opposant par la force à toutes perspectives de décolonisation, entendait maintenir sa domination outremer. Elle avait éclipsé le souvenir de l'accession de la Tunisie à l'autonomie interne sous le gouvernement de Pierre Mendès France en 1954, des négociations menées par le gouvernement Edgar Faure en 1955 qui aboutirent au retour au Maroc du sultan Mohammed V, déchu deux ans plus tôt à l'instigation des autorités françaises, puis de l'accession de ces deux protectorats à l'indépendance en 1956, et du vote d'une loi-cadre accordant aux territoires d'Afrique noire et à Madagascar un certain degré d'autonomie. Elle avait entraîné, au contraire, le gouvernement Guy Mollet à préparer secrètement puis à lancer « l'expédition de Suez », avec la Grande-Bretagne et Israël, contre l'Egypte après que le colonel Nasser eut nationalisé la Compagnie du Canal de Suez. En cette occasion, le gouvernement soviétique et le gouvernement américain, l'un par la menace de représailles militaires, l'autre par des pressions appropriées, avaient contribué à faire

5

échec à l'entreprise franco-britannique, mais surtout l'ensemble des pays arabes et même du Tiers Monde avait clairement manifesté son hostilité envers la France considérée comme puissance « colonialiste » en raison de la guerre qu'elle menait en Algérie.

L'intégration dans le bloc atlantique, l'amorce de la construction européenne, la guerre d'Algérie : tel était donc l'héritage que la politique étrangère de la IVe République laissait à la Ve.

Chapitre I

LES PRINCIPES
DE LA POLITIQUE ÉTRANGÈRE
DU GÉNÉRAL DE GAULLE

Dès les origines de son action politique le général de Gaulle s'était inspiré, suivant son expression, d'une « certaine idée . de la France » mais aussi d'une certaine conception des rapports entre les Etats et les nations. Elles avaient guidé sa politique, tant dans ses relations avec les alliés que pour l'avenir de l'Empire français quand il fut à Londres, à Alger, puis à Paris de 1940 jusqu'à sa démission, le 20 janvier 1946. Elles avaient inspiré ses critiques à l'égard de la politique étrangère de la IVᵉ République. De retour au pouvoir, il allait tenter de les mettre en œuvre en tenant compte de l'état du monde tel qu'il était en 1958 et tel qu'il évolua jusqu'à son départ le 27 avril 1969.

I. — L'indépendance nationale

L'indépendance était, aux yeux du général de Gaulle, la condition suprême pour que la France, comme toute autre nation, puisse exister, agir, défendre ses intérêts et peser autant que possible sur le destin du monde. Préserver cette indépendance devait donc être la tâche première de l'Etat et des gouvernements.

Il fallait pour cela que la France cessât de dépendre de l'aide extérieure pour sa vie économique, ses échanges, son budget et sa monnaie : c'est pour mettre fin à cette dépendance qu'à la fin de 1958 le gouvernement qu'il avait constitué au mois de juin prit un ensemble de mesures économiques, financières et monétaires qui devaient effectivement permettre le remboursement des dettes extérieures au cours des années suivantes, la stabilité du franc pendant dix ans en même temps qu'une expansion économique plus forte que celle de la plupart des pays occidentaux.

L'indépendance nationale exigeait aussi que la sécurité de la France ne dépende pas entièrement d'une protection militaire extérieure : ce fut cette préoccupation qui allait dicter les nouveaux rapports établis avec les pays membres de l'Alliance atlantique, en particulier avec les Etats-Unis, la mise sur pied d'un système indépendant de défense impliquant un armement nucléaire national et la rupture avec les organisations militaires intégrées auxquelles les forces françaises étaient rattachées jusque-là. Sans attendre, en tout cas, la politique étrangère française devrait être décidée par la France elle-même et conduite indépendamment de tout ensemble — organisations internationales ou alliances — où elle risquerait de se confondre avec d'autres, même si elle pouvait, le cas échéant, se conjuguer avec d'autres.

Le général de Gaulle exprimait ainsi cette volonté fondamentale d'indépendance dans ses *Mémoires d'espoir* : « Il est essentiel que ce que nous disons ou faisons le soit indépendamment des autres. Dès mon retour, voilà notre règle ! Changement si complet dans l'attitude de notre pays que le jeu politique mondial en est, soudain, profondément modifié. »

II. — La critique de la politique étrangère de la IVe République

Catégorique était en effet la condamnation par le général de Gaulle de l'hégémonie américaine et de la tendance des pays européens, y compris la France de la IVe République, à vouloir que leur sécurité, sous couvert de l'Organisation atlantique, dépende de la protection que les Etats-Unis voulaient bien leur accorder.

Plus nettement encore, il condamnait l'intégration militaire caractéristique de l'OTAN, c'est-à-dire l'intégration des armées européennes, et en particulier de l'armée française, dans un ensemble dépendant entièrement et directement du commandement atlantique, c'est-à-dire en pratique, d'un commandant en chef américain, désigné par le Président des Etats-Unis. Et, de la même façon, il réprouvait toute tentative d'intégration politique européenne qui, au-delà de la communauté économique prévue par le traité de Rome, établirait un système où la France perdrait son indépendance puisque les décisions y seraient prises de manière « supra-nationale », c'est-à-dire éventuellement imposées par une majorité dont elle ne ferait pas partie.

III. — Idéologies et réalités nationales

Au moment où le général de Gaulle revenait au pouvoir, prévalait une certaine conception des relations internationales : celles-ci étaient tout entières marquées par l'opposition de deux blocs s'inspirant avant tout de deux idéologies différentes. D'un côté, le camp communiste dominé par l'Union soviétique, de l'autre, le bloc occidental qui, en dépit d'expériences économiques variées et de législations sociales différentes, invoquait à la fois une autre sorte d'idéologie, démocratique et libérale, et une commune adhésion aux mécanismes essentiels de l'économie capitaliste.

Cette manière de voir le monde correspondait évidemment à la prépondérance des deux plus grandes puissances issues de la Deuxième Guerre mondiale, l'Union soviétique et les Etats-Unis. Elle privilégiait les facteurs idéologiques dans leur affrontement. Elle était, au fond, à la base du choix politique et stratégique fait par les Etats de l'Europe occidentale, et en particulier par la France, c'est-à-dire leur intégration dans le bloc atlantique où les Etats-Unis jouaient un rôle dirigeant.

Telle n'était pas la conception du général de Gaulle. Bien qu'il ne cessât de proclamer son attachement aux principes de la démocratie et aux valeurs de la civilisation européenne, et qu'il ait souvent stigmatisé ce qu'il y avait de totalitaire dans les systèmes communistes, il était convaincu du caractère précaire, changeant, variable et parfois artificiel des idéologies auxquelles il opposait la permanence et la primauté des réalités nationales. Pour lui, les idéologies étaient destinées à passer et les nations à demeurer, et le plus souvent, du reste, les idéologies ne feraient que masquer les ambitions nationales.

La politique étrangère française, sous l'autorité du général de Gaulle, n'allait donc plus s'inspirer du seul affrontement des idéologies et ne se soumettrait plus, par conséquent, aux seules disciplines d'un bloc idéologique.

Elle chercherait, au contraire, à prendre en compte les réalités nationales, considérées comme données primordiales et permanentes des relations internationales.

IV. — La contestation des blocs

Le partage du monde en deux blocs est perçu par le général de Gaulle comme une réalité essentielle, provenant des conséquences immédiates de la Seconde Guerre mondiale, mais aussi comme une menace pour la paix et, naturellement aussi, pour l'indépendance nationale de la France dans le mesure où elle resterait enfermée à l'intérieur de l'un d'eux.

« Le monde entier se trouve soumis à la hantise permanente d'un conflit généralisé, écrit-il au début des *Mémoires d'espoir,* deux empires, l'américain et le soviétique, devenus des colosses par rapport aux anciennes puissances, confrontent leurs forces, leurs hégémonies et leurs idéologies. Toutes deux disposent d'armements nucléaires qui peuvent à tout instant bouleverser l'univers, et qui font d'eux, chacun dans son camp, des protecteurs irrésistibles. Périlleux équilibre qui risque de se rompre un jour en une guerre démesurée s'il n'évolue pas vers une détente générale ! »

C'est donc à cette tâche de contestation des blocs que la politique étrangère française allait s'attacher.

V. — L'ère de la décolonisation

Dès avant de quitter le pouvoir, en janvier 1946, le général de Gaulle avait songé à un aménagement profond des rapports entre la France et les diverses parties de son empire colonial.

S'étant donné pour but, par son appel du 18 juin 1940, de rétablir non seulement l'indépendance mais l'intégrité de la France et de ses possessions, n'ayant, au surplus, aucune caution du suffrage universel, il ne pouvait procéder lui-même à des transformations irréversibles : pourtant il lui fallait aussi tenir compte de l'essor des mouvements nationalistes, amorcé dès avant la Seconde Guerre mondiale, du moins en Indochine, au Levant et au Maghreb, et qui recevait de la guerre elle-même une forte impulsion. De là, la reconnaissance de l'indépendance de la Syrie et du

Liban quand les Forces françaises libres y pénétrèrent, avec les Britanniques, en mai et juin 1941. De là l'ordonnance de mars 1944 étendant la citoyenneté française à plusieurs catégories d'Algériens musulmans sans que ceux-ci aient à renoncer à leur statut personnel. De là aussi la réunion de la conférence de Brazzaville, en janvier 1944, où les gouverneurs d'Afrique occidentale, d'Afrique équatoriale et de Madagascar eurent à donner leur avis sur l'avenir de ces territoires et qui fut l'occasion, pour le général de Gaulle, de prononcer un discours qui fut ressenti, par les Africains, comme un appel à leur émancipation politique et sociale, même si la forme n'en était pas précisée. De là enfin la décision prise par le gouvernement provisoire qu'il dirigeait d'associer la totalité des populations d'Algérie, d'Afrique noire, de Madagascar et des autres territoires ou départements d'outre-mer à l'élection de l'Assemblée constituante, en un ou deux collèges rassemblant les citoyens français et les habitants d'Algérie ou des colonies non titulaires de la citoyenneté française.

Dans le discours prononcé à Bayeux le 16 juin 1946, le général de Gaulle envisageait une Constitution de type fédéral où les matières communes à la fédération étaient nettement définies. Ce projet, qui visait à aménager une première étape de l'émancipation politique de l'outre-mer tout en maintenant un ensemble assez fortement structuré et conservant à la France sa dimension mondiale, ne fut pas adopté par les auteurs de la Constitution de la IVᵉ République. Par la suite, sous l'effet de la guerre froide et de la menace d'un nouveau conflit mondial, le général de Gaulle insista souvent sur les dangers d'une dissociation de l'Union française. Mais, à partir de 1953, chaque fois qu'il s'exprima sur les problèmes d'outre-mer, ce fut en faveur d'une évolution de l'ancien régime colonial, par exemple quand il déplora la déposition du sultan Mohammed V, préconisa plus d'autonomie pour l'Algérie et refusa de cautionner les Français de Tunisie les plus hostiles à toute évolution du protectorat.

Mais, quand il revint au pouvoir, la décolonisation lui paraissait s'imposer. « En reprenant la direction de la France j'étais résolu à la dégager des astreintes, désormais sans contrepartie, que lui imposait son empire », écrivit-il. Il discernait dans les populations d'outre-mer « une volonté d'émancipation qui leur faisait paraître le joug comme pesant, voire intolérable ». Il tenait compte à l'avance de la diversité des situations mais, pour l'ensemble de l'Afrique noire et de Madagascar il ne lui paraissait pas douteux que, sous l'impulsion des élites, « les populations décideraient d'aller à l'indépendance ». Quant à l'Algérie où la guerre faisait rage depuis plus de quatre ans, il constatait qu' « après avoir caressé, puis perdu, des illusions successives quant à leur accession sans restriction aux droits civiques et quant à un statut autonome... les Musulmans, dans leur ensemble, étaient désormais favorables au "Front de libération nationale" et à l'insurrection, même s'il n'y participaient pas ».

S'inspirant, dans ce domaine comme pour les autres, de sa conviction que les réalités nationales étaient les plus fortes, le Général croyait donc le temps venu de reconnaître, partout où elles seraient revendiquées, les indépendances nationales.

VI. — Les nouvelles données stratégiques

Les relations stratégiques internationales, au moment où le général de Gaulle revenait au pouvoir, étaient en train de connaître une transformation fondamentale. La possession par les deux plus grandes puissances, et non plus seulement par les Etats-Unis, de l'arme thermonucléaire et des missiles intercontinentaux capables de la lancer sur le territoire de chacune de ces deux puissances, établissait entre elles ce qu'on appela la « parité nucléaire ».

Il en résultait d'abord qu'il n'était plus plausible, ni même concevable, que les Etats-Unis utilisent leur armement nucléaire stratégique — c'est-à-dire capable de détruire le gros du potentiel économique ou démographique de l'Union soviétique — en faveur d'autres pays sous peine de s'attirer une riposte de même nature. Il en résultait ainsi que, pour éviter un suicide mutuel, les deux plus grandes puissances n'utiliseraient pas leurs arsenaux d'armes nucléaires stratégiques l'une contre l'autre et que, de plus, par crainte d'être amenées à en courir le risque par des enchaînements incontrôlables, elles s'abstiendraient très probablement de toute guerre qui les opposerait directement l'une à l'autre. Enfin, les Etats-Unis, pour ce qui concerne les pays occidentaux, en viendraient nécessairement à concevoir une stratégie qui prévoit la défense de l'Europe de l'Ouest par l'emploi des forces conventionnelles, complétées par l'utilisation éventuelle d'armes atomiques dites « tactiques », c'est-à-dire visant exclusivement les forces militaires adverses.

Le général de Gaulle en déduisait donc déjà que la France, quant à elle, devait s'affranchir de la protection militaire américaine et de la stratégie de l'OTAN, non pas seulement pour retrouver l'indépendance de sa politique étrangère et de sa défense — l'une étant corollaire de l'autre —, mais pour tenir compte des données stratégiques nouvelles.

De là procéderait la décision de rompre les liens entre la France et l'Organisation militaire atlantique qui étaient des liens d'intégration et de mettre en même temps sur pied une force nucléaire nationale qui, capable d'infliger à n'importe quel agresseur des destructions inacceptables pour lui, le dissuaderait du même coup de toute action contre la France et ses intérêts vitaux.

VII. — Un nouveau rôle pour la France

De son analyse du monde, le général de Gaulle déduisait que la France pourrait jouer un rôle majeur dans les relations internationales, mais très différent de ce qu'il avait été naguère. La politique française devait tendre désormais à s'opposer à la guerre froide et à favoriser la détente, mais d'abord assurer sa propre indépendance. Avant tout par la remise en cause de l'intégration de ses forces dans l'Organisation militaire atlantique, et par l'adoption d'une stratégie indépendante. Mais aussi par la révision radicale de ses rapports avec le Tiers Monde et de ses conceptions quant à la construction de l'Europe.

Prenant en compte l'irrésistible poussée des peuples naguère colonisés à la reconquête de leur indépendance, la France devait accepter l'émancipation politique de ceux qu'elle dominait encore, mais non sans garder avec tous les nouveaux Etats des relations particulières de coopération. « En somme, conduire les peuples de la "France d'outre-mer" à disposer d'eux mêmes et, en même temps, à ménager entre eux et nous une coopération directe, voilà quelles étaient mes simples et franches intentions », écrit le général de Gaulle. En même temps, la politique française, par sa volonté d'indépendance, son refus des hégémonies et son hostilité à la guerre froide, se verrait « ouvrir un vaste crédit d'intérêt et de confiance chez beaucoup de peuples dont le destin est en gestation, mais qui refusent d'être inféodés à l'une ou l'autre des dominations en présence », et il citait à cet égard, à des titres divers, la Chine, le Japon, l'Inde, les Etats d'Afrique, d'Asie et d'Amérique latine qui, suivant son expression, « répugnent à s'aligner ».

Quant à l'Europe, il considérait que son union devait se faire en raison de « ce qu'ont en commun les nations qui la peuplent », mais qu'en aucun cas elle « ne saurait être la fusion des peuples, mais qu'elle peut et doit résulter de leur systématique rapprochement ».

Tel serait, par conséquent, le rôle nouveau de la France que la politique étrangère de la Ve République mettrait en œuvre durant les onze années où le général de Gaulle serait au pouvoir.

Chapitre II

DE LA DÉCOLONISATION
A LA COOPÉRATION

Au moment où le général de Gaulle revenait au pouvoir, la guerre d'Algérie dominait tous les aspects de la politique française tant à l'intérieur qu'à l'extérieur, pour ses armées, ses finances, sa diplomatie. Mettre un terme aux entraves qu'elle représentait pour le rôle qu'il voulait que la France joue désormais, telle serait inévitablement sa préoccupation première. Mais au-delà de l'affaire algérienne, c'était la révision radicale des rapports de colonisation établis entre la France et l'outre-mer qu'il s'agissait d'entreprendre.

I. — Les procédures
de la décolonisation

L'Afrique noire française et Madagascar, au moment où la IVe République allait disparaître, étaient régies par une loi-cadre, qui datait du 13 juin 1956 et était entrée en application l'année suivante.

L'auteur de cette loi-cadre était Pierre Messmer, gouverneur de la Côte-d'Ivoire devenu directeur du cabinet du ministre de la France d'outre-mer et, après l'entrée en vigueur de la loi, haut-commissaire en Afrique équatoriale. Elle avait été, dans une large mesure, inspirée par Félix Houphouët-Boigny, ministre d'Etat depuis janvier 1956, président du Rassemblement démocratique africain (RDA) et principal dirigeant politique ivoirien. Et c'est Gaston Defferre, ministre de la France d'outre-mer dans le gouvernement Guy Mollet de 1956-1957, qui l'avait fait adopter par le Parlement français. La loi-cadre confiait une grande partie des pouvoirs publics au gouvernement de chaque territoire dont les membres seraient élus par une assemblée territoriale issue du suffrage universel, qui porteraient le titre de ministre et dont le chef de file serait vice-président du gouvernement, la présidence appartenant au chef du territoire, c'est-à-dire à l'ancien gouverneur. Un grand Conseil existerait à Dakar pour l'Afrique occidentale et à Brazzaville pour l'Afrique équatoriale, mais, à ce niveau, les prérogatives importantes continuaient d'appartenir au haut-commissaire français. La loi-cadre consacrait donc l'autonomie de chaque territoire et l'on pouvait déjà prévoir qu'il serait difficile d'amener ceux-ci à renoncer à une part de leur autonomie au profit de quelque regroupement plus vaste.

Houphouët-Boigny et ses partisans voulaient, en effet, que chaque territoire demeure un Etat autonome parce qu'ils souhaitaient établir avec la France une organisation fédérale. A l'inverse, les dirigeants africains partisans de l'indépendance, et par conséquent hostiles à une fédération avec la France, étaient logiquement favorables à un regroupement des territoires africains.

Cette opposition allait marquer tous les débats sur les chapitres de la nouvelle Constitution ayant trait à l'outre-mer. Houphouët-Boigny demeurait ministre d'Etat dans le gouvernement constitué par le général de Gaulle. Léopold Sedar Senghor, dirigeant sénégalais, était le chef de file de ceux qui souhaitaient à la fois la réunion des territoires et leur commune indépendance. Il choisit de faire partie du comité consultatif constitutionnel qui allait préparer la mise en forme des nouvelles institutions. Il y était soutenu par Philibert Tsiranana, député de Madagascar, et par le maire de Dakar Lamine Gueye. Tous trois s'opposèrent donc aux thèses fédéralistes. Mais ils pouvaient s'appuyer surtout sur l'évolution de plus en plus favorable à l'indépendance qui se produisait en Afrique : au congrès du RDA de septembre 1957, seuls les Ivoiriens et les Gabonais s'étaient prononcés pour l'autonomie de chaque territoire et la fédération franco-africaine, tous les autres réclamant le regroupement des Etats d'Afrique occidentale et d'Afrique équatoriale, ces deux ensembles pouvant aller vers l'indépendance. Le vice-président du Niger, Djibo Bakary, se prononçait pour l'indépendance et une simple confédération avec la France ; le Togo et le

Cameroun, anciens territoires sous mandat, optaient aussi pour l'indépendance.

Convaincu que tout dépendrait de l'accord des hommes politiques africains et en particulier de ceux qui détenaient le pouvoir dans leurs territoires, le général de Gaulle les reçut le 14 juillet et leur donna aussitôt une première satisfaction : les vice-présidents des territoires en seraient désormais les présidents et l'autorité politique serait ainsi nettement reconnue aux Africains. Après un nouvel entretien avec les dirigeants des partis africains, le 3 août, il estima qu'il n'était pas possible de s'en tenir au choix entre « autonomie et fédération » et « indépendance et confédération » et le 8 août, devant le Conseil consultatif constitutionnel, il mit en évidence un autre choix : pour ou contre la sécession. Tous ceux qui voudraient des liens avec la France, sous quelque forme que ce soit, pourraient alors se retrouver dans le même camp.

Six jours plus tard, le comité consultatif constitutionnel, suivant une suggestion de Tsiranana en faveur d'une « Communauté », adopta un nouveau projet. Les territoires d'outre-mer pourraient garder leur statut, se transformer en départements ou devenir Etats de la Communauté — hypothèse évidemment la plus probable. Les compétences de la Communauté étaient énumérées : libertés, diplomatie, défense, monnaie, justice, enseignement supérieur, matières premières stratégiques, transports en commun, télécommunications. Le président de la Communauté serait le Président de la République française, mais il serait élu par un collège comprenant les assemblées de tous les Etats de la Communauté. Un Conseil exécutif comprendrait les premiers ministres des Etats et les ministres chargés des Affaires communes. Une assemblée de la Communauté disposerait de pouvoirs mal définis mais qui pourraient être élargis. Une Cour suprême veillerait au respect des nouvelles institutions.

Mais l'évolution future de la Communauté était aussi envisagée : les Etats pourraient « se grouper ou non en fédérations primaires » ; et surtout chaque Etat pourrait tous les cinq ans changer de statut et « former un Etat indépendant dans le cadre d'une association des Etats libres ».

Le 20 août, le général de Gaulle entreprit une vaste tournée en Afrique et à Madagascar. L'accueil enthousiaste qu'il y reçut le convainquit pourtant que les Africains voyaient surtout en lui l'émancipateur et attendaient de lui la décolonisation de l'ancien Empire. Aussi décida-t-il, tout en faisant ressortir les inconvénients, pour chaque Etat, de la sécession et de l'isolement, d'aller plus loin que le projet adopté à Paris.

Il en déduisit qu'il fallait à la fois accentuer la netteté du choix que les pays d'outre-mer allaient faire entre la sécession et la Communauté, de manière à éviter que se propage la tentation du « non », et multiplier les possibilités d'aménagements et d'évolutions prévues par la Constitution afin d'amener les partisans de l'indépendance à voter « oui ». C'est dans ce sens qu'allèrent les derniers amendements au projet constitutionnel : la transformation du statut d'un Etat de la Communauté pourrait résulter d'un simple accord entre cet Etat et la France et un Etat pourrait ainsi devenir indépendant n'importe quand et non plus seulement tous les cinq ans et l'article 78 prévoyait que des accords particuliers pourraient « régler tout transfert de compétences de la Communauté à l'un de ses membres ». Ainsi plusieurs voies étaient ouvertes vers l'indépendance dont un Etat pourrait user à tout moment, sans qu'il en résultât de crise ou de conflit.

Au total, le 28 octobre, tous les Etats d'outre-mer, comme les territoires et départements, votèrent « oui » à la seule exception de la Guinée.

II. — L'accession de l'Afrique française à l'indépendance

L'histoire de la Communauté, créée par la Constitution votée le 28 septembre 1958, allait pourtant s'achever vingt mois plus tard. Le général de Gaulle était, certes, convaincu dès l'origine qu'elle évoluerait vers l'indépendance de tous les Etats qui la constituaient. Mais il devait en même temps tenir compte de l'affaire algérienne et des interactions éventuelles entre celle-ci et l'évolution de la Communauté. Prenant ses fonctions de Président de la République, il prévoyait, en effet, dans sa première déclaration, que l'Algérie occuperait « une place de choix dans la Communauté », ce qui pouvait être interprété — et le fut en effet — comme l'annonce d'une transformation prochaine de l'Algérie en Etat autonome, comme l'étaient déjà les Etats africains.

Les premières décisions prises pour la mise en place de la Communauté parurent donc aller dans le sens d'une organisation fédérale. Mais les signes d'une évolution en sens contraire, c'est-à-dire vers plus d'indépendance pour les Etats africains, se multiplièrent bientôt. La République centre-africaine, puis la Mauritanie, se dotèrent de leur propre drapeau et leur exemple fut très vite suivi par les autres Etats. En avril 1959, Philibert Tsiranana se fit élire Président de la République de Madagascar, ce qui lui donnait le rang d'un chef d'Etat et non d'un chef de gouvernement. Quelques mois plus tard l'abbé Fulbert Youlou au Congo et Maurice Yaméogo, en Haute-Volta, prirent le même titre. Le 15 mai, le président du gouvernement soudanais Modibo Keita aborda, avec le général de Gaulle, la question de l'établissement de passeports distincts pour chaque Etat.

Les 29 et 30 décembre 1959, les représentants de quatre Etats, le Sénégal, le Soudan, la Haute-Volta et le Dahomey, se réunirent à Bamako et décidèrent de convoquer une assemblée constituante le 14 janvier 1960 à Dakar. Houphouët-Boigny, toujours partisan de la Fédération franco-africaine, et hostile à tout regroupement des Etats d'Afrique occidentale, obtint le retournement des Voltaïques et des Dahoméens et en avril se constitua un Etat du Mali qui se réduisait au Sénégal et au Soudan. En juillet, Senghor, qui en était le Président, laissa prévoir l'évolution de la Communauté vers un « Commonwealth à la française » et, peu après, on annonça que le nouvel Etat demanderait « l'indépendance du Mali dans le cadre d'une association confédérale avec la France ».

Le 26 novembre, le général de Gaulle convint d'un échange de lettres prévoyant le transfert des compétences de la Communauté au Mali, selon l'article 78 de la Constitution, et organisant la coopération franco-malienne. Et sa décision d'accorder l'indépendance au Mali fut rendue publique le 11 décembre, à Saint-Louis du Sénégal, devant les membres du Conseil exécutif de la Communauté.

Dès lors, tout allait être réglé en quelques mois avec les autres Etats africains et, deux ans après le 28 septembre 1958, date de référendum sur l'instauration de la Communauté, la décolonisation de l'Afrique noire française était achevée : quinze Etats étaient devenus indépendants sans qu'un seul coup de fusil ait été tiré.

III. — L'indépendance de l'Algérie

L'une des raisons avancées par le général de Gaulle pour la décolonisation de l'ancien Empire français n'était autre que l'entrave que la guerre d'Algérie constituait pour toute la politique étrangère de la France, pour la place nouvelle qu'elle devait occuper dans le monde et pour son propre développement.

Le règlement de l'affaire algérienne serait donc une étape capitale pour le changement que le général de Gaulle voulait apporter dans les relations de la France avec l'extérieur : ce serait, au fond, le préalable indispensable à la nouvelle politique étrangère qu'il voulait mener.

1. **De l'Algérie française à l'autodétermination.** — Dans aucune des déclarations qu'il fit, sous quelque forme que ce fût, entre le 13 mai 1958, début de la crise qui entraîna la chute de la IVe République, et le 1er juin, jour où il forma son gouvernement, le général de Gaulle ne parla d'Algérie française ni, à plus forte raison, d'intégration de l'Algérie à la France : il ne précisa pas ses vues sur l'avenir de l'Algérie. Cela correspondait évidemment à son souci de rassembler autour de lui le plus grand nombre de Français et la plupart des forces politiques, mais aussi à la volonté de ne pas se laisser enfermer dans la solution que réclamaient impérativement les milieux politiques et militaires qui avaient été à l'origine des événements du 13 mai et de la crise qui avait abouti au changement de régime. Cette solution ne pouvait être, à leurs yeux, que l'intégration définitive de l'Algérie à la France. De là le fossé qui apparut aussitôt entre eux et le général de Gaulle lors du voyage qu'il fit dans les premiers jours de juin en Algérie. Une seule fois, à Mostaganem, il se laissa aller à un « Vive l'Algérie française ! » dont il devait lui-même minimiser la portée et la signification : ce même jour, du reste, fut celui de sa plus violente apostrophe aux partisans civils et militaires de l'intégration. Lors d'un second voyage, au mois d'août, il insistait déjà sur la totale liberté qui devrait être laissée aux Algériens de choisir leur avenir, il publiait une directive proscrivant catégoriquement l'emploi de la torture — et qui ne devait pas être entièrement appliquée — et il prescrivait qu'aux élections législatives suivant le référendum toutes les tendances politiques sans exception puissent s'exprimer et présenter des candidats — ce qui fut impossible tant les autorités politiques et militaires sur place étaient hostiles à toute autre solution que l'Algérie française. Enfin, le 23 octobre 1958, tenant sa première conférence de presse depuis son retour au pouvoir, le général de

Gaulle offrit aux Algériens la « paix des braves », leur demandant de renoncer à la lutte armée et de participer à la libre recherche d'un avenir nouveau pour l'Algérie. Mais le FLN répondit, dès le surlendemain, que seule une négociation portant sur l'ensemble des problèmes politiques et militaires, de préférence en pays neutre, pourrait mettre fin au conflit.

Il restait à mettre en œuvre les institutions prévues par la Constitution et à en faire, autant que possible, l'instrument — ou, du moins, l'un des instruments — d'une solution politique future. Mais aux élections législatives de 1958, comme aux élections municipales de mars 1959, il fut impossible de faire élire des représentants algériens représentatifs de la volonté d'indépendance du pays et capables d'être des interlocuteurs efficaces pour le gouvernement français.

Le général de Gaulle se prépara donc à prendre une initiative qui permettrait de sortir l'affaire algérienne de l'impasse. Le 16 septembre 1959, il prononça un discours où il reconnut solennellement au peuple algérien le droit à l'autodétermination. Il aurait, déclara-t-il, le libre choix de son avenir. Ainsi était défini par avance le terrain des négociations éventuelles avec les adversaires qui porteraient, le moment venu, sur les conditions de l'autodétermination et, si possible, sur le contenu des options offertes au choix des Algériens.

Ce 16 septembre, le général de Gaulle en avait énuméré trois : la sécession, la francisation et l'association, dont il décrivait, dans chaque cas, les conséquences économiques, politiques et internationales. Décrivant la sécession comme un tragique déchirement, évoquant la francisation en donnant l'impression qu'elle n'était pas vraisemblable, ses propos suggéraient que l'association avait sa préférence. Elle paraissait comporter, d'après le texte du discours, des liens étroits entre l'Algérie et la France en matière de monnaie, de défense et de diplomatie, et n'équivalait donc pas à l'indépendance. Il allait encore falloir trente mois pour qu'elle prît un autre contenu, comportant l'indépendance politique de l'Algérie, et soit acceptée à la fois par la France et le FLN.

2. **De l'autodétermination aux accords d'Evian.** — Les dirigeants du FLN qui, depuis l'année précédente, s'étaient constitués en GPRA (Gouvernement provisoire de la République algérienne), n'atten-

dirent pas plus de quelques jours pour faire connaître leurs réactions au discours du 16 septembre. Ils souscrivirent au principe de l'autodétermination de l'Algérie et acceptèrent que telle soit la voie d'un règlement politique. Mais ils exigèrent que la France négocie avec eux les conditions politiques et militaires d'un scrutin d'autodétermination. Le général de Gaulle ayant demandé que les chefs de l'insurrection viennent en discuter avec des responsables français, le FLN désigna à cette intention ses anciens dirigeants arrêtés en octobre 1956 à bord d'un avion marocain détourné sur Alger comme ces derniers n'avaient aucune responsabilité dans les combats en cours, on ne jugea pas, du côté français, qu'il fallait donner suite à la proposition algérienne.

Mais c'est dans la communauté européenne d'Algérie et dans les milieux militaires les plus passionnément engagés en faveur de l'Algérie française que l'on voulut barrer la route à l'évolution de la politique algérienne du général de Gaulle. En janvier 1960, avec la complicité discrète de plusieurs colonels de régiments parachutistes, des manifestants dressèrent des barricades dans Alger après que des éléments plus durs eurent tiré sur des gendarmes, faisant de nombreux tués et blessés. Refusant d'infléchir sa politique, le général de Gaulle fit réduire ce début d'insurrection et, quelques semaines plus tard, faisant une « tournée des popotes » en Algérie, il invita l'armée à poursuivre sa mission mais indiqua que le but auquel on aboutirait serait inévitablement une « Algérie algérienne ». C'était annoncer clairement que sa politique tournait le dos à celle qui aurait conduit à une « Algérie française ».

Aussi des contacts furent-ils pris, au printemps 1960, entre deux chefs régionaux du FLN, Si Salah et Si Mohammed, et les autorités françaises qui aboutirent à une rencontre secrète, à l'Elysée, entre les deux Algériens et le général de Gaulle lui-même : mais dès leur retour en Algérie ils furent désavoués par leurs hommes et l'affaire resta sans suite. Au même moment le général de Gaulle, de nouveau, appelait publiquement les dirigeants de l'insurrection à venir discuter des conditions d'un retour à la paix. Le GPRA accepta, cette fois, et délégua en France Ahmed Boumedjel et Mohammed Ben Yahya : mais, à Melun où ils furent reçus, les représentants français n'avaient pour mission que de discuter des conditions militaires de la fin de la guerre tandis que les Algériens voulaient discuter des conditions politiques qui permettraient au président du GPRA, Ferhat Abbas, de venir à Paris conclure un accord définitif, et la négociation dut être interrompue.

Ces deux échecs conduisirent le général de Gaulle à préciser plus nettement le but de sa politique : ce serait, dit-il dans un discours du 4 novembre 1960, une « République algérienne » et il l'évoqua en termes tels que son association avec la France pourrait être compatible avec son indépendance.

Encore fallait-il briser la résistance des partisans de « l'Algérie française » : ce fut le but du référendum du 8 janvier 1961, portant en principe sur l'organisation des pouvoirs publics en Algérie en vue de l'autodétermination du pays, mais, en pratique, sur l'approbation de la politique du général de Gaulle. Celle-ci fut approuvée par les trois quarts des votants en France, les communistes et l'extrême droite ayant préconisé le « non » pour des raisons évidemment opposées.

Il fallait enfin ouvrir des négociations avec le FLN et les faire aboutir. De discrets contacts furent d'abord pris avec l'aide d'un membre du gouvernement suisse, M. Olivier Long, et par l'intermédiaire d'un membre du cabinet de M. Louis Joxe, ministre des Affaires algériennes, M. Claude Chayet, puis de l'ancien directeur du cabinet du général de Gaulle, M. Georges Pompidou. Non sans péripéties, ils aboutirent à la décision de réunir les représentants français et algériens à Evian. Mais l'ouverture des négociations fut retardée par le putsch tenté par les généraux Challe, Jouhaud, Zeller et Salan, le 22 avril à Alger, avec l'aide d'un groupe de colonels parachutistes. La rigueur et la détermination avec lesquelles leur tentative fut brisée achevèrent de convaincre les dirigeants algériens que le général de Gaulle était prêt à surmonter toutes les résistances pour aboutir à un règlement politique, et le 10 mai 1961 l'ouverture des négociations fut annoncée.

Les accords d'Evian furent conclus le 18 mars 1962 et ratifiés, en France, par le référendum du 8 avril 1962 où 90 % des votants se prononcèrent pour le « oui ». Mais l'Algérie était en proie aux désordres sanglants provoqués par l'OAS (Organisation Armée secrète) fortement implantée dans la communauté européenne. La vigoureuse répression menée sous l'autorité du haut-commissaire français, Christian Fouchet, obligea les chefs de l'OAS à renoncer peu à peu à leur lutte et les institutions provisoires algériennes permirent d'organiser le référendum du 1er juillet qui consacra l'indépendance de l'Algérie. Cependant, la violence des affrontements et le fossé qu'ils ont créé entre les deux communautés amenèrent la plus grande partie de la population européenne à se replier en France, vidant ainsi d'une part de leur substance les accords d'Evian.

Chapitre III

LA FRANCE
ET LE TIERS MONDE

La fin de la guerre d'Algérie libérait la politique étrangère française d'une entrave qui pesait lourdement jusqu'alors sur sa liberté d'action. Désormais, elle allait pouvoir substituer aux relations de domination datant de l'époque coloniale des rapports de coopération avec les pays d'Afrique, d'Asie, d'Amérique latine qui trouveraient intérêt à établir avec la France des liens nouveaux favorables à leur développement et à leur indépendance. Le but de cette politique était en effet proclamé très clairement : il s'agissait de faire de la France, parce qu'elle pratiquait délibérément une politique d'indépendance, l'interlocuteur privilégié de tous les Etats qui voudraient conquérir, affirmer ou consolider leur indépendance soit à l'égard de puissances colonisatrices, soit vis-à-vis de nouvelles hégémonies.

I. — La coopération
avec l'ancienne Afrique française

Le premier champ d'action de la nouvelle politique française de coopération allait être évidemment les pays naguère dominés par la France et qui venaient d'accéder à l'indépendance.

1. **Les relations avec l'Afrique noire.** — Les voies pacifiques empruntées par les anciennes colonies françaises d'Afrique et par Madagascar allaient naturellement faciliter l'établissement d'une coopération régulière entre ces pays et la France. Tout com-

mença cependant par une crise provoquée par l'éclatement de la fédération du Mali, le Sénégal reprenant son indépendance et les Soudanais constituant seuls, désormais, la République du Mali. Son Président, Modibo Keita, mettant en cause, non sans quelque raison, l'attitude des représentants français sur place, se déclara « libre de tous engagements et de liens politiques vis-à-vis de la France ». Le gouvernement français choisit de garder son sang-froid et prit soin de ne pas rompre les accords de coopération que Modibo Keita, du reste, n'avait pas dénoncés. Il accepta l'évacuation des bases militaires françaises en territoire malien, maintint son aide financière et envoya André Malraux, alors ministre des Affaires culturelles, entamer des négociations au mois de mai 1961, qui devaient aboutir quelques mois plus tard à un nouvel ensemble d'accords.

Une tentative de rapprochement eut lieu entre la France et la Guinée en 1963 : mais, ultérieurement, Sekou Touré, en proie à de graves difficultés économiques qui entraînaient l'exode d'une grande partie de la population guinéenne, accusa, sans raisons sérieuses, plusieurs personnalités françaises de comploter contre lui et une rupture s'ensuivit avant que de nouveaux rapports s'établissent entre Conakry et Paris et qu'une véritable réconciliation se produise sous la présidence de Valéry Giscard d'Estaing. Au Gabon, un coup d'État renversa le Président Léon M'ba, mais ses partisans firent appel à Paris et, à l'instigation du Président ivoirien Félix Houphouët-Boigny, on décida qu'un bataillon parachutiste français interviendrait et il fut aussitôt rétabli dans ses fonctions. Mais ce fut une exception : jamais ensuite, sous la présidence du général de Gaulle, il n'y eut de tentatives françaises de réagir contre les nombreux coups d'Etat qui se produisirent dans les Etats d'Afrique francophone. A la fin de 1968, le général de Gaulle accepta pourtant d'envoyer des unités françaises au Tchad où le Président Tombalbaye était menacé par la sédition d'une partie du territoire, mais ce fut à la condition que soient entreprises des réformes que suggérerait une mission administrative française.

L'essentiel des rapports entre la France et ses anciennes colonies d'Afrique noire et de Madagascar fut la coopération économique et financière établie en vue de leur développement. Elle avait été prévue par un rapport demandé par le général de Gaulle à l'ancien ministre Jean-Marcel Jeanneney et fut désormais une des tâches permanentes de la politique étrangère française.

2. **Les relations avec les pays du Maghreb.** — En juillet 1961, un affrontement brutal opposa les forces françaises et tunisiennes à Bizerte, quand le Président Bourguiba demanda à récupérer la

base navale que la France y entretenait, ainsi qu'une rectification de frontière au Sahara. Mais cet affrontement ne détériora pas longtemps les rapports franco-tunisiens : après l'évacuation de la base française, aucune crise sérieuse n'altéra plus le dialogue entre les deux pays, auquel les gouvernements français et tunisien étaient également attachés.

Les relations personnelles établies par le général de Gaulle avec le roi du Maroc Mohammed V, qu'il avait fait Compagnon de la Libération dès 1945, facilitèrent les rapports entre les deux pays alors qu'ils risquaient d'être compromis par la guerre d'Algérie : le général de Gaulle avait, du reste, publiquement mis en cause les procédés employés en octobre 1956 pour détourner sur Alger l'avion que le roi du Maroc avait prêté aux dirigeants du FLN. En lui succédant à la mort de son père, le roi Hassan II avait tenu à conserver avec la France les mêmes relations. Elles ne furent altérées que par l'accession à l'indépendance de la Mauritanie qu'il aurait voulu rattacher au Maroc, et plus tard par l'enlèvement en France et la disparition du dirigeant de l'opposition marocaine, Mehdi Ben Barka, dont le général de Gaulle rendit responsable le gouvernement marocain.

Les relations avec l'Algérie furent, au contraire, soumises à plus de secousses. Le départ de la population européenne fournit au gouvernement algérien l'occasion de déclarer ses biens « vacants » et de les exproprier au profit de ses ressortissants, sans vouloir indemniser leurs anciens propriétaires. Les bases militaires françaises maintenues en territoire algérien en vertu des accords d'Evian furent évacuées plus tôt qu'il n'était prévu, mais la poursuite des expériences nucléaires dans le Sahara donna lieu à des polémiques qui ne cessèrent qu'après l'installation d'un nouveau centre d'essais nucléaires dans le Pacifique. Enfin, les exportations de vins algériens vers la France furent l'objet d'un difficile contentieux. En revanche, le pétrole du Sahara servit de champ d'application à une étroite coopération entre les deux pays. A l'initiative de l'ambassadeur français à Alger, M. Georges Gorse, des accords furent conclus qui instituèrent cette coopération à tous les niveaux des activités pétrolières, de la recherche à la commercialisation en passant par l'exploitation et la transformation, tout en fixant un niveau stable de prix. Ces accords, considérés alors comme exemplaires de rapports d'un type nouveau entre pays producteur et pays acheteur de pétrole, furent appliqués jusqu'en 1970, quand le refus français d'une large révision des prix et la nationalisation des sociétés pétrolières françaises par le gouvernement algérien provoquèrent une crise passagère entre les deux pays.

II. — Les rapports avec la Chine

Dès son retour au pouvoir, le général de Gaulle confia à son ministre des Affaires étrangères, M. Maurice Couve de Murville, son intention de rétablir aussitôt que possible des relations diplomatiques normales avec la Chine : celles-ci se trouvaient rompues depuis qu'en 1949 les communistes chinois l'avaient emporté, établissant leur pouvoir sur la totalité de la Chine continentale, car la France, se conformant à la ligne de conduite choisie par les Etats-Unis, avait décidé de ne pas reconnaître l'existence du nouveau régime. Le gouvernement de Pékin ayant choisi de reconnaître le GPRA dès sa création, en septembre 1958, il n'avait pas été possible d'y donner suite tant que dura la guerre d'Algérie. Mais, en 1963, un voyage exploratoire de l'ancien président du Conseil Edgar Faure prépara le rétablissement de relations diplomatiques franco-chinoises normales, qui fut décidé quelques mois plus tard.

La France était ainsi la première puissance occidentale à ouvrir un dialogue avec la Chine populaire. Cela lui valut un prestige considérable auprès d'un grand nombre d'Etats du Tiers Monde, une audience indiscutable auprès du gouvernement chinois lui-même, mais aussi de véhémentes critiques de la part des Etats-Unis qui voyaient mettre en cause sur ce point la discipline du camp occidental qu'ils dirigeaient. Par les uns comme par les autres, l'établissement de relations avec la Chine populaire fut considéré comme un des gestes les plus significatifs de la nouvelle politique étrangère française.

III. — La politique française en Indochine et la guerre du Vietnam

Au moment où le général de Gaulle revenait au pouvoir, la situation de l'ancienne Indochine française résultait à la fois de l'application et de l'abandon des accords de Genève qui, le 20 juillet 1954, avaient mis fin à la guerre que la France y avait menée pendant sept ans et demi. Le Vietnam y était coupé en deux, à la hauteur du 17ᵉ parallèle. Contrairement à ce qui avait été prévu par les accords, des élections n'avaient pu y avoir lieu, en 1956, pour réunifier le pays. Au nord, le régime communiste, sous la présidence de Ho Chi Minh, s'était consolidé. Au sud, le gouvernement présidé par Ngo Dinh Diem, mis en place en 1954 à l'instigation des Etats-Unis et qui a mis fin au règne de l'ancien empereur Bao Daï, recevait une importante aide économique et militaire américaine et des conseillers américains encadraient l'armée sud-vietnamienne. Au Cambodge, le roi Norodom Sihanouk tentait de préserver la neutralité du pays. Au Laos, des gouvernements se succédaient où alternaient le souci de neutralité et l'influence américaine. La politique française allait consister à préserver et renforcer l'indépendance et la neutralité du Laos et du Cambodge, puis elle serait confrontée aux développements dramatiques de la guerre du Vietnam où elle allait s'opposer durement à la politique américaine.

1. **Le Laos.** — En 1958, de petites installations militaires françaises subsistaient encore en territoire laotien. Le gouvernement français s'apprêtait à les en retirer, mais il voulait avant tout renforcer l'autorité du gouvernement laotien afin que celui-ci préserve sa neutralité. Or, les Etats-Unis, aussitôt après les accords de Genève, avaient amené les principaux pays non communistes de la région, la France et la Grande-Bretagne, à conclure un traité pour le Sud-Est asiatique en application duquel ils avaient mis sur pied une organisation — l'OTASE — destinée à la défense contre l'expansion du communisme et qui couvrait en principe, le Sud-Vietnam, le Laos et le Cambodge bien qu'aucun de ces trois pays n'en fut membre. C'est dans ce but qu'ils essayaient de consolider le gouvernement Diem à Saigon et qu'ils encadraient son armée. Et c'est aussi dans ce but qu'ils s'efforçaient d'implanter au Laos des gouvernements favorables à une coopération militaire avec eux.

La politique française, surtout après le retour au pouvoir du général de Gaulle, s'inspirait d'une autre conception. La Chine, ayant toujours averti qu'elle n'accepterait pas une pénétration américaine au Laos, nul doute que l'établissement d'un gouvernement pro-américain à Vientiane ne provoquerait la réaction des communistes laotiens du Pathet-Lao, inévitablement soutenus par Pékin et Hanoi. La France soutenait donc les gouvernements laotiens hostiles à la présence militaire des Etats-Unis et favorables à l'indépendance et à la neutralité du pays, en particulier celui du prince Souvanna Phouma.

L'affaire laotienne fut abordée entre les signataires des accords

28

de Genève de 1954 au cours de nouveaux entretiens qui eurent lieu aussi à Genève et qui aboutirent à la consolidation de la neutralité du Laos, et Souvanna Phouma put rester Premier Ministre durant de longues années, appuyé par la France. Ce fut le développement de la guerre du Vietnam qui compromit sa neutralité, les Nord-Vietnamiens s'en servant comme lieu de passage, et les Etats-Unis y établissant des bases clandestines jusqu'au moment où la défaite américaine et la victoire finale de Hanoi amenèrent au pouvoir un gouvernement laotien en principe communiste et en pratique allié au Vietnam.

2. **Le Cambodge.** — C'est aussi l'indépendance et la neutralité du Cambodge que la politique française voulait renforcer. Cela correspondait aux vues du roi Norodom Sihanouk qui professait envers le général de Gaulle une grande admiration. Les relations entre les deux hommes facilitèrent le développement des rapports entre les deux pays qui prenaient d'autant plus d'importance que la guerre du Vietnam menaçait davantage la sécurité du Cambodge. Pour que celui-ci n'ait pas à dépendre d'une éventuelle offre d'aide américaine, une mission fut envoyée, dirigée par le ministre des Armées, Pierre Messmer, en 1964, en vue de renforcer la coopération franco-cambodgienne dans tous les domaines. Deux ans plus tard, le général de Gaulle vint lui-même à Pnom Penh apporter solennellement son appui à la politique d'indépendance et de neutralité du roi Norodom Sihanouk et saisit cette occasion pour y prononcer le discours le plus spectaculaire qu'il ait jamais fait contre la guerre américaine au Vietnam.

3. **Le Vietnam.** — Le Vietminh, qui avait mené la lutte contre le corps expéditionnaire français jusqu'en 1954, avait conservé, après les accords de Genève, une forte implantation politique au Sud-Vietnam, seuls ses éléments militaires s'en retirant. Il resta dans la clandestinité après que le régime de Diem se fut consolidé et s'allia peu à peu avec d'autres forces politiques et sociales opposées au gouvernement de Saigon dont les tentatives de coups d'Etat de 1960 et 1962 montraient déjà la vulnérabilité. C'est en décembre 1960 que fut constitué le Front national de Libération (FNL) où les anciens cadres du Vietminh, en liaison étroite avec le Nord-Vietnam, allaient jouer un rôle dirigeant mais avec l'appui et la participation d'autres éléments. La lutte armée commença à se développer dès cette date et l'Administration Kennedy, succédant à celle d'Eisenhower, décida de renforcer la présence mili-

taire américaine qui atteignit 15 000 hommes dès le début de 1961 et allait quadrupler en deux ans.

C'est le 30 août 1963 que le gouvernement français prit position publiquement, pour la première fois, au sujet de ce qui était déjà la nouvelle guerre du Vietnam, par un communiqué où il se prononçait pour l'indépendance et la neutralité du Sud-Vietnam et condamnait toutes les interventions étrangères — ce qui, à ce moment, ne pouvait signifier qu'une condamnation de l'intervention américaine. Par la suite, la position française ne fit que se clarifier et se durcir. La France, en particulier, fit obstacle à toute manifestation de solidarité des pays de l'Alliance atlantique envers les Etats-Unis. Elle condamna catégoriquement l'extension des opérations aériennes sur le Nord-Vietnam et les bombardements massifs du pays par l'aviation américaine ; condamnation que le général de Gaulle réitéra formellement à Pnom Penh le 1ᵉʳ septembre 1966.

La position de la France, alliée traditionnelle des Etats-Unis mais hostile à la domination américaine au Vietnam, parut telle qu'en 1968, quand le Président Johnson se décida à l'ouverture des négociations, ce fut Paris qui fut choisi pour en être le lieu. Les pourparlers entre les Etats-Unis, les gouvernements du Nord-Vietnam et Sud-Vietnam et les représentants du FNL s'ouvrirent donc en mai 1968 dans la capitale française. Et la résolution montrée par le Président Nixon, quand il vint rendre visite au général de Gaulle en mars 1969, de mettre un terme à la guerre du Vietnam, parut annoncer une certaine détente dans les relations franco-américaines, fortement marquées pendant des années par la position catégorique que le général de Gaulle avait prise à cet égard.

IV. — Les relations
avec l'Amérique latine

Au cours de l'année 1964, le général de Gaulle se rendit à deux reprises en Amérique latine : du 16 au 20 mars au Mexique puis du 21 septembre au 16 octobre dans dix Etats d'Amérique du Sud. C'était la première fois qu'un chef d'Etat français se rendait dans cette partie du monde. A chaque étape, ce fut l'occasion pour lui de plaider pour l'indépendance des nations face aux hégémonies qui menacent leurs libertés et le libre choix de leur destin : chacun de ses discours suggérait que cette indépendance ne devait pas être solitaire mais serait solidaire de celle des autres nations.

V. — Le voyage au Québec

Quand le général de Gaulle arriva en visite officielle au Canada, le 23 juillet 1967, et qu'il débarqua à Québec, accueilli par M. Daniel Johnson, Premier Ministre de la province, celle-ci avait connu depuis quelques années de profondes transformations. La vie sociale et les mœurs, l'activité intellectuelle et la vie publique y avaient été transformées par la mise en cause des hiérarchies traditionnelles et des valeurs conservatrices, l'émancipation des esprits, la résurgence d'une culture francophone vivante et moderne. Cette transformation s'accompagnait d'un vaste débat sur l'avenir politique du Québec. Le parti au pouvoir dans la province, qui avait longtemps soutenu le gouvernement très conservateur du Premier Ministre Duplessis, voulait maintenant une plus grande autonomie de la province. Le Parti libéral, qui représentait celle-ci au niveau fédéral, bien que favorable à une entière participation des Canadiens français aux institutions et à la société canadiennes, s'engageait aussi en faveur de la spécificité française, et le mouvement indépendantiste commençait à prendre son essor. Le général de Gaulle s'était tenu informé de cette évolution et de ces débats. Il voulut en tenir compte et, par sa visite au Québec, donner une impulsion nouvelle au renouveau de la spécificité française du Québec et de l'ensemble de la communauté francophone du Canada. L'accueil enthousiaste de la population sur le trajet de Québec à Montréal, l'émotion qui souleva les habitants de Montréal quand il arriva dans leur ville, le climat dans lequel se déroulait ce voyage allaient donner à ses interventions un caractère nouveau d'appel à l'émancipation politique et intellectuelle de la province. Bien que, suivant le témoignage de ses collaborateurs, et en particulier du ministre des Affaires étrangères, Maurice Couve de Murville, il n'ait pas voulu prendre position en faveur de telle ou telle solution que les Canadiens français seraient appelés à choisir — indépendance, cosouveraineté, autonomie renforcée — cela n'allait pas manquer de susciter aussitôt une crise sérieuse avec le gouvernement d'Ottawa.

A Montréal, le 24 juillet, l'accueil de la population fut exceptionnellement enthousiaste. Le général de Gaulle y réagit dès les premiers mots du discours qu'il prononça au balcon de l'Hôtel de Ville : « Ce soir ici, et tout le long de ma route, je me trouvais dans une atmosphère du même genre que celle de la Libération. » Et il conclut son allocution par un cri qui allait résumer tout le sens de son voyage : « Vive le Québec libre ! »

C'en était trop pour le gouvernement canadien d'Ottawa qui déclara « inacceptable » le discours du général de Gaulle. Ce dernier décida donc de ne pas se rendre dans la capitale fédérale et de regagner directement Paris. En France, la plus grande partie de la presse et des partis politiques traditionnels critiquèrent violemment son attitude et ses propos, mais ce fut pourtant l'occasion d'une prise de conscience progressive de la réalité québécoise dans l'opinion publique française. Et quand, par la suite, une coopération régulière s'établit entre la France et le Québec en dehors des relations franco-canadiennes et que la défense de la francophonie devint, plus tard, l'un des axes de la diplomatie française, l'opinion publique et les partis politiques y furent, en totalité, favorables.

VI. — La France et le Proche-Orient

L'expédition de Suez en novembre 1956 avait provoqué une rupture entre la France et presque tous les pays du Proche-Orient. La poursuite de la guerre d'Algérie avait encore approfondi cette rupture. Tant qu'elle dura, il ne fut pas possible de renouer avec ces pays, bien que ce fût, dès que le général de Gaulle revint au pouvoir, son intention et celle de son ministre des Affaires étrangères, Maurice Couve de Murville. Aussi le rétablissement des relations normales entre la France et la totalité des pays du Proche-Orient se fit-il très vite après les accords d'Evian et malgré les difficultés créées en Egypte par un procès fait à plusieurs ressortissants français.

Le retour de la France au Proche-Orient était, en effet, l'une des préoccupations du général de Gaulle qui voulait y voir le prolongement, dans cette région du monde, de la politique de coopération établie avec l'Afrique noire, puis avec l'Algérie et les autres pays du Maghreb. Cette politique s'appliqua donc progressivement au monde arabe et prit une ampleur particulière en Irak. La France passa, en quelques années, du 17e au 2e rang parmi ses fournisseurs. La Compagnie française des Pétroles qui possédait 23,5 % du pétrole irakien se dissocia des compagnies anglo-saxonnes avec lesquelles elle était associée quand le gouvernement irakien voulut nationaliser ses gisements et, écartant tout affrontement, négocia avec Bagdad une autre forme de coopération qui fut considérée comme exemplaire des rapports de type nouveau que les pays consommateurs et producteurs de pétrole pourraient établir entre eux.

Tandis que s'établissaient ainsi les relations franco-arabes, telles que le général de Gaulle les avait souhaitées, la politique française vis-à-vis d'Israël commençait à s'infléchir. Au moment où la Ve République succédait à la IVe, l'intimité politique entre les deux pays était à son zénith. Le souvenir des préparatifs communs et secrets de l'expédition de Suez et de la complicité qui s'était alors établie entre les deux gouvernements étaient encore présents à l'esprit de leurs dirigeants. La coopération militaire franco-israélienne était devenue très étroite et l'on avait accueilli presque sans restrictions des techniciens israéliens dans les laboratoires français où se préparait la mise au point des armes nucléaires. Sur ce point, en tout cas, le changement fut immédiat après le retour du général de Gaulle au pouvoir et l'on mit fin aux facilités accordées à cet égard aux techniciens israéliens.

Tout en manifestant pour l'Etat d'Israël, sa création et son développement, beaucoup de sympathie et tout en portant beaucoup d'estime personnelle à son Premier Ministre David Ben Gourion, il le mit en garde contre toute politique d'expansion. Mais la crise des relations franco-israéliennes n'allait éclater qu'au moment où surviendrait la guerre israélo-arabe de juin 1967. La tension entre l'Etat hébreu et ses voisins avait amené l'Egypte à demander le retrait des forces des Nations Unies qui contrôlaient les abords des frontières israélo-égyptiennes, ce qui la mit en mesure de fermer le débouché du golfe d'Akaba

33

qui avait été réouvert à la circulation des navires israéliens après la guerre de novembre 1956. Mais des négociations étaient en cours à ce sujet et le général de Gaulle estima qu'il n'y avait pas là de motif suffisant pour déclencher un nouveau conflit dont les conséquences et les prolongements seraient imprévisibles. Il le dit à plusieurs de ses interlocuteurs : les pays arabes ne manqueraient pas de se rapprocher de l'Union soviétique qui exercerait alors son influence au Proche-Orient, la question palestinienne se poserait en termes plus aigus, le pétrole deviendrait un jour une arme dans les crises qui se produiraient inévitablement par la suite. Et il avertit le ministre israélien des Affaires étrangères, M. Abba Eban, que la France condamnerait l'Etat qui, le premier, ouvrait les hostilités.

Ce fut Israël qui attaqua, le 6 juin. La France condamna donc son agression et décréta un embargo sur ses exportations d'armes à destination des pays servant de champs de bataille. En pratique, cela ne concernait guère qu'Israël dont l'armée était en grande partie équipée d'armement français et qui avait commandé 50 avions Mirage III qui ne lui furent pas livrés.

En France, ces choix furent vivement critiqués dans les partis de droite et du centre, au Parti socialiste et par la plus grande partie de la presse. Il en résulta naturellement un grave refroidissement des relations entre les gouvernements français et israélien. A l'inverse, ils valurent une immense popularité au général de Gaulle et un prestige nouveau à la France dans la totalité des pays arabes et dans la plus grande partie du Tiers Monde. Ce fut le point de départ d'un essor considérable des échanges entre la France et les pays arabes, et cette orientation de la politique française allait prévaloir tout au long des années suivantes.

Rien, cependant, ne vint atténuer les réactions suscitées par les positions prises par le général de Gaulle lors de la guerre de juin 1967 jusqu'à son départ le 27 avril 1969. Les critiques ne désarmèrent pas et l'hommage qu'il voulut rendre au peuple juif en le qualifiant de « peuple d'élite, dominateur et sûr de lui » fut mal interprété par beaucoup de ceux qui songeaient aux épreuves subies durant la Deuxième Guerre mondiale. Mais la conviction du général de Gaulle était que la guerre et l'occupation ou l'annexion de nouveaux territoires où vivait le peuple palestinien seraient inévitablement la source d'une interminable crise et de conflits futurs. Ainsi déclara-t-il lors de sa conférence de presse du 27 novembre 1967 : « Israël, ayant attaqué, s'est emparé, en six jours de combats, des objectifs qu'il voulait atteindre. Maintenant, il organise sur les territoires qu'il a pris l'occupation qui ne peut aller sans oppression, répression, expulsions et il s'y manifeste contre lui une résistance qu'à son tour il qualifie de terrorisme. »

Chapitre IV

UNE DÉFENSE NATIONALE

Au moment où la Ve République succéda à la IVe, les forces françaises comportaient plus d'un million d'hommes, dont près de 450 000 engagés en Algérie avec une grande partie de l'aviation et de la marine de guerre. La durée légale du service militaire était de dix-huit mois, mais les conscrits restaient, en pratique, sous les drapeaux trente-deux ou trente-quatre mois. En Europe, l'essentiel des forces françaises étaient intégrées dans l'Organisation militaire atlantique sous les ordres d'un commandant en chef américain qui résidait, avec ses états-majors, à côté de Paris.

Tel était l'état des forces et le système de défense que le général de Gaulle allait changer de fond en comble.

I. — **La parité nucléaire**

« Du côté de l'Occident, écrit-il dans ses *Mémoires d'espoir,* les conditions militaires de la sécurité sont devenues, en douze ans, profondément différentes de ce qu'elles avaient été. Car, à partir du moment où les Soviets ont acquis ce qu'il faut pour exterminer l'Amérique, tout comme celle-ci a les moyens de les anéantir, peut-on penser qu'éventuellement les deux rivaux en viendraient à se frapper l'un l'autre, sinon en dernier ressort ? Et qu'est-ce qui les retiendrait de lancer leurs bombes entre eux deux, autrement dit sur l'Europe centrale et occidentale ? Pour les Européens de l'Ouest, l'OTAN a donc cessé de garantir leur existence. »

Ce qu'il constatait par là c'était l'existence de la « parité nucléaire » entre les deux plus grandes puissances, c'est-à-dire de la possibilité pour chacune de détruire l'autre, une ou même plusieurs fois, à l'aide de ces armes nucléaires dites « stratégiques ».

La première conséquence en était l'impossibilité, pour les Etats-Unis, de défendre l'Europe par l'emploi de leurs armes nucléaires stratégiques contre l'Union soviétique, sous peine d'une riposte de même nature et, par conséquent, la nécessité d'une révision du système de défense des pays européens. La France, en particulier, ne serait plus désormais protégée par les armes nucléaires stratégiques américaines, et risquait, en cas de conflit, de servir de champ de bataille aux forces atomiques et classiques des deux camps.

II. — Le choix
d'une dissuasion nucléaire indépendante

D'autre part, le général de Gaulle voulait que la politique française de défense fût cohérente avec sa politique étrangère. Comme celle-ci allait être tout entière basée sur l'idée d'indépendance nationale, il fallait que la défense de la France fût indépendante elle aussi, qu'elle ne dépende pas d'une protection extérieure qui entraverait évidemment la liberté d'action de sa politique étrangère.

Ces deux raisons, aussi fortes l'une que l'autre, conduisirent le général de Gaulle à un triple choix : les forces françaises ne devaient plus être intégrées dans l'ensemble des forces atlantiques, puisque cette intégration privait la France de toute liberté de décision et d'emploi de ces armées ; la défense française serait désormais assurée par un armement nucléaire construit par elle-même et à la disposition du seul Président de la République française ; cet armement serait, le cas échéant, mis en œuvre suivant une doctrine d'emploi consistant à infliger à l'agresseur des destructions inacceptables pour lui.

« Il faut, déclara-t-il dès le 3 novembre 1959, que nous sachions nous pourvoir, au cours des prochaines années, d'une force capable d'agir pour notre compte, de ce qu'on est convenu d'appeler "une force de frappe" susceptible de se déployer à tout moment et n'importe où. Il va de soi qu'à la base de cette force sera un armement atomique — que nous le fabriquions ou que nous l'achetions — mais qui doit nous appartenir. Et, puisqu'on peut détruire la France, éventuellement, à partir de n'importe quel point du monde, il faut que notre force soit faite pour agir où que ce soit sur la Terre. »

III. — Les moyens de la dissuasion

Le 13 février 1960, la première bombe atomique française était expérimentée avec succès au centre d'essai de Reggan, au Sahara.

La décision de mener des recherches en vue de mettre au point et d'expérimenter une arme nucléaire avait été prise quelques années avant la fin de la IVe République et maintenue, en 1956, par le gouvernement Guy Mollet. Mais il n'avait jamais été question de développer une véritable force nucléaire nationale ni, à plus forte raison, d'en faire l'instrument d'une stratégie de dissuasion. Du reste, ceux qui avaient ordonné l'engagement et la poursuite des recherches — Felix Gaillard, René Pleven, Maurice Bourgès-Maunoury, Guy Mollet — allaient tous être hostiles aux choix stratégiques du général de Gaulle.

La France va donc disposer de bombes A — c'est-à-dire à fission — et quelques années plus tard de bombes H — c'est-à-dire à fusion thermonucléaire. Le premier vecteur dont elle disposera pour leur emploi éventuel sera le bombardier Mirage IV, volant à Mach 2 et capable de déjouer les systèmes de détection adverses, mais qu'il faut ravitailler en vol pour ses missions à longue distance. Une deuxième génération comportera un groupe de missiles sol-sol basés en Haute-Provence, sur le plateau d'Albion. Une troisième génération suivra, composée de sous-marins nucléaires lance-engins dont le premier, *Le Redoutable,* n'entrera en service qu'après le départ du général de Gaulle : les SNLE, pratiquement invulnérables quand ils sont à la mer et se déplaçant partout, peuvent par conséquent frapper « où que ce soit sur la Terre » suivant la formule du général de Gaulle, et sont donc l'instrument privilégié d'une stratégie « tous azimuts ».

Il s'y ajouta le missile nucléaire tactique Pluton construit en une quarantaine d'exemplaires. Il n'était pas destiné à la destruction massive du potentiel économique et démographique du pays agresseur, mais à être employé contre les forces ennemies et, compte tenu de sa portée d'environ 150 km, sur le champ de bataille. Il fut toujours convenu qu'il serait employé pour montrer à l'ennemi la résolution de la France de recourir à ses autres armes nucléaires s'il poursuivait ses agressions, donc à titre d' « ultime avertissement ». Le Pluton serait complété ensuite par la bombe AN-52, à charge nucléaire, lancée d'avion, et remplacée plus tard par un missile air-sol à moyenne portée (ASMP).

IV. — La transformation
des armées françaises

Le choix d'une stratégie de dissuasion nucléaire impliquait que les armées françaises s'y adaptent et qu'elles connaissent donc une profonde transformation. Les artisans principaux de ce changement décisif dans l'histoire militaire française furent, aux côtés du général de Gaulle, Pierre Messmer, ministre des Armées de 1960 à 1969, et le général Ailleret, chef d'état-major des Armées de 1962 jusqu'à sa mort en 1968.

Les effectifs des armées furent ramenés de près de 1 200 000 hommes à environ 550 000, jusqu'à se réduire à moins de 500 000 sous la présidence de François Mitterrand — la gendarmerie mise à part. La durée du service militaire, qui était effectivement de trente-deux à trente-quatre mois durant la guerre d'Algérie, fut ramenée à sa durée légale de dix-huit mois puis fixée à quinze mois dès 1963, puis à un an sous la présidence de Georges Pompidou.

Les forces armées s'articulèrent désormais en trois composantes principales :

— les forces nucléaires ;
— le corps de bataille composé des divisions de la Ire armée, concentrée au nord-est de la France et en Allemagne, et appuyé par la force aérienne tactique (FATAC) ;

— la défense opérationnelle du territoire (DOT) destinée à la protection des points sensibles et au repérage d'éventuelle agression par air, par mer ou par commando.

A quoi s'ajoutaient deux divisions spécialement conçues en vue d'interventions outre-mer.

Une autre réforme intervint après 1981 sous la présidence de François Mitterrand, Charles Hernu étant ministre de la Défense. Cinq divisions furent regroupées en une force d'action rapide (FAR), dont une division aéro-mobile essentiellement équipée d'hélicoptères et les divisions spécialement prévues pour les interventions outre-mer. La FAR aurait vocation aussi bien d'assumer les missions d'interventions lointaines que de se projeter en avant du théâtre européen, en cas de crise, pour témoigner éventuellement d'une présence militaire française aux côtés des armées alliées.

VI. — La rupture avec l'OTAN

Dès son retour au pouvoir, le général de Gaulle était décidé à mettre un terme à l'intégration des forces françaises dans l'Organisation militaire atlantique, afin que la France recouvre son indépendance pour sa politique militaire et sa défense comme elle le voulait pour sa politique étrangère. « Mon dessein, écrit-il dans ses *Mémoires d'espoir,* consiste à dégager la France, non pas de l'Alliance atlantique que j'entends maintenir à titre d'ultime précaution, mais de l'intégration réalisée par OTAN sous commandement américain... mais ce chemin, je veux le suivre à pas comptés, en liant chaque étape à l'évolution générale et sans cesser de ménager les amitiés traditionnelles de la France. »

Le 14 septembre 1958, il demanda donc au Président américain Eisenhower et au Premier Ministre britannique Mac Millan d'instituer avec la France une direction collective de la coalition occidentale dont le champ pourrait s'étendre au-delà des limites de l'Alliance atlantique, puisque la France allait prochainement devenir une puissance nucléaire et n'aurait plus de raison d'accepter la direction exclusive de cette alliance par les Etats-Unis. Faute de quoi elle ne participerait plus « à aucun développement de l'OTAN » et se réserverait « soit d'en exiger la réforme soit d'en sortir ». Aucune réponse ne lui ayant été donnée, le général de Gaulle en conclut : « Rien ne nous retient donc d'agir. »

En dépit des contraintes résultant de la poursuite de la guerre d'Algérie et des tensions suscitées par la crise de Berlin qui va durer jusqu'en 1961, une série de décisions s'ensuit. Interdiction est faite aux forces américaines d'installer en France des armes nucléaires terrestres ou aériennes et d'y installer des rampes de lancement. En mars 1959, la flotte française de Méditerranée est retirée de l'OTAN. Les moyens de défense aérienne et le contrôle des appareils survolant le territoire français sont replacés sous l'autorité nationale. Les forces ramenées de Tunisie, du Maroc et d'Algérie ne sont pas transférées au commandement allié. La stratégie de « riposte graduée », proposée par les Etats-Unis à l'OTAN et qui privilégie la perspective d'un vaste affrontement conventionnel en Europe où les armées occidentales seraient étayées par l'emploi d'armes nucléaires tactiques, est catégoriquement repoussée.

Les signes d'un futur départ de la France de l'Organisation militaire atlantique étaient trop nombreux et trop patents pour que les Etats-Unis ne réagissent pas. Ils proposèrent de vendre aux Français des armes nucléaires plutôt qu'ils ne les fabriquent eux-mêmes, mais se heurtèrent aussitôt au refus du général de Gaulle. Ils interdirent la vente à la France d'un ordinateur de grande puissance qui devait contribuer à ses recherches nucléaires militaires. Par divers moyens ils s'efforcèrent d'empêcher le développement de ces recherches. Ils suscitèrent de violentes campagnes contre l'armement nucléaire de la France et sa stratégie. En 1964, ils proposèrent à la France et à la Grande-Bretagne de constituer une force nucléaire multinationale dont ils fourniraient les missiles, et à tous les pays de l'OTAN de mettre sur pied une force multilatérale dont les moyens en sous-marins nucléaires seraient soumis au commandement atlantique et dont les équipages seraient intégrés. La France rejeta catégoriquement ces deux propositions et les fit échouer, la Grande-Bretagne, au contraire, acceptant que ses sous-marins nucléaires soient désormais dotés de missiles américains et que leur emploi soit coordonné avec celui des forces nucléaires américaines.

Le 6 mars 1966, enfin, le gouvernement français annonça qu'il rompait avec l'Organisation militaire atlantique. La totalité de ses forces en étaient définitivement retirées. Dans un délai d'un an les états-majors de l'OTAN et les forces qui en dépendaient devaient quitter le sol français, les bases américaines seraient fermées. Des accords techniques maintiendraient les contacts entre les états-majors et permettraient d'assurer une surveillance aérienne commune ainsi que la présence de forces françaises en Allemagne.

La rupture avec l'Organisation militaire atlantique souleva la véhémente réprobation des Etats qui en restaient membres et fit l'objet à l'Assemblée nationale française d'un débat — le plus important de la législature selon Georges Pompidou qui était alors Premier Ministre — où la décision du général de Gaulle fut combattue par les socialistes et l'opposition de droite et du centre, mais approuvée au contraire par la majorité gouvernementale et les communistes. Elle ne serait plus remise en cause par la suite.

Chapitre V

L'OUVERTURE A L'EST

Marquée tout entière, sous la IVᵉ République, par la guerre froide entre l'Est et l'Ouest et par l'intégration de la France au camp atlantique, la politique française à l'égard de l'Union soviétique et des pays communistes allait connaître après le retour au pouvoir du général de Gaulle un changement décisif. Ce changement provint essentiellement des conceptions qu'il avait du destin des idéologies en général et de l'idéologie communiste en particulier, de la primauté qu'il accordait aux réalités nationales. Il en résulta une politique nouvelle de la France à l'égard de l'Union soviétique et des pays de l'Est qui se développa malgré les crises de Berlin, de Cuba et de Tchécoslovaquie, et s'inspira, suivant la formule employée par le général de Gaulle, d'une volonté délibérée d' « entente, détente et coopération ».

I. — Une analyse du camp communiste

Alors qu'il a certainement cru entre 1947 et 1951 ou 1952 qu'une crise majeure pouvait intervenir en Europe et qu'une guerre générale risquait d'opposer l'Est à l'Ouest, le général de Gaulle a cessé, depuis lors, de croire que ce danger a quelque vraisemblance et que l'Union soviétique ait des intentions agressives : « Il semble maintenant assez invraisemblable, écrit-il, que du côté soviétique, on entreprenne de marcher à la conquête de l'Ouest, dès lors que tous les Etats y ont retrouvé des assises normales et sont en progrès matériels incessants. »

Cette conception l'opposa tout de suite à celles qui, à l'Ouest, inspirent la guerre froide, à celles en particulier des dirigeants américains. Au secrétaire d'Etat John Foster Dulles venu lui exposer que « tout se ramène à endiguer et, s'il le faut, à briser l'impérialisme soviétique tel qu'il résulte de l'ambition mondiale du communisme », le général de Gaulle répondit qu'au contraire « ce qui, au fond, domine dans le comportement de Moscou, c'est le fait russe au moins autant que le fait communiste, or, l'intérêt russe c'est la paix ». Et au Président Eisenhower, il déclare en 1959 que « les rapports entre l'Est et l'Ouest ne doivent pas être traités sous le seul angle de la rivalité des idéologies et des régimes », et que la détente « pour être valable doit être fondée sur les réalités nationales ».

De plus, le général de Gaulle était convaincu que celles-ci prévaudraient inévitablement au sein même du camp communiste et le feraient éclater un jour. Heurtant par là toutes les idées généralement reçues, et allant à l'encontre des conceptions qui prévalaient dans tous les milieux intellectuels et politiques d'Occident sur la permanence et le monolithisme du bloc communiste et de l'idéologie qui l'inspirait, il pronostiqua au contraire son inévitable dispersion. Il en fit l'analyse dès la deuxième conférence qu'il tint en tant que Président de la République en novembre 1959, et il précisa aussi que ce serait surtout la Chine qui serait inévitablement conduite à se séparer de la Russie.

De ces conceptions — qui tranchaient radicalement sur les idées généralement reçues en Occident — le général de Gaulle déduisait une politique. Il entendait que désormais les relations que la France aurait avec les Etats communistes soient exclusivement des relations d'Etat à Etat, s'appuyant sur les intérêts nationaux de la France et de chacun de ses interlocuteurs. Ainsi serait-il conduit, après la guerre d'Algérie, à établir des relations avec la Chine populaire, ainsi chercherait-il à établir des relations distinctes avec les pays de l'Est de l'Europe, ainsi, surtout, concevait-il ses relations avec l'Union soviétique qu'il résume ainsi quand il évoque son premier entretien avec

Nikita Khrouchtchev : « Je mets tout de suite, écrit-il, les points sur les "i" : je ne vois en vous que le chef du gouvernement actuel de la Russie. Veuillez ne voir en moi que le Président de la République française, nous ne discuterons donc que des intérêts nationaux de nos deux pays et des moyens de les accorder. »

II. — **Les premières étapes du rapprochement**

Longtemps, les relations franco-soviétiques allaient être encore entravées par la poursuite de la guerre d'Algérie, l'URSS apportant au FLN un soutien politique sans réserve et une aide pratique. Cependant, d'autres données jouaient en faveur de leur amélioration progressive : le souvenir du rôle qu'eut le général de Gaulle pendant la guerre, surtout celui qu'il eut, et qui fut décisif, dans la mise en échec du projet de communauté européenne de défense en 1954, sa volonté affichée d'indépendance même à l'égard des alliés de la France, et l'amorce d'un règlement du problème algérien.

Un premier geste concret de rapprochement avec l'Est fut accompli par le général de Gaulle lui-même dès la première conférence de presse qu'il prononça en temps que Président de la République, le 25 mars 1959. Evoquant l'hypothèse d'une réunification de l'Allemagne, qui lui paraissait, dit-il, « le destin normal du peuple allemand », il ajouta qu'elle ne pourrait intervenir que « pourvu que celui-ci ne remette pas en cause ses frontières actuelles, à l'ouest, à l'est, au nord et au sud ». Contrairement à tous les gouvernements français précédents, le général de Gaulle reconnaissait par là que la frontière germano-polonaise, dite « Oder-Neisse » du nom des deux fleuves dont elle suivait le cours, devait être considérée comme intangible.

Cependant, la longue bataille menée autour du réarmement de l'Allemagne fédérale s'était terminée par l'échec du projet de communauté européenne de défense puis par les accords de Londres et de Paris qui consacraient la renaissance de l'armée allemande et l'adhésion de l'Allemagne à l'Alliance atlantique et à son organisation militaire intégrée, en même temps qu'elle renonçait à tout armement nucléaire. On pouvait prévoir que la conséquence durable qui en résulterait serait le maintien de la division de l'Allemagne en deux Etats. De fait, l'objectif de la politique soviétique était désormais d'obtenir, d'une manière ou d'une autre, la reconnaissance de la République démocratique allemande (RDA), c'est-à-dire du régime communiste de l'Allemagne de l'Est.

Du côté occidental, on s'y refusait en s'en tenant au principe du droit des Allemands à l'autodétermination. Aussi pouvait-on prévoir que des difficultés allaient surgir quand Nikita Khrouchtchev annonça que l'Union soviétique, faute d'un accord avec les Etats-Unis, la Grande-Bretagne et la France, conclurait un traité de paix séparé avec l'Allemagne de l'Est qui lui donnerait toute autorité sur les voies de communication entre l'Allemagne de l'Est et les secteurs occidentaux de Berlin où Américains, Britanniques et Français tenaient garnison. Le Premier Ministre britannique, M. Harold Mac Millan, souhaitait d'ailleurs une amélioration générale et progressive des relations est-ouest, et le général de Gaulle juge que « sur ce sujet le gouvernement britannique paraît bien orienté », mais en ajoutant, justement à propos de l'affaire de Berlin : « A la condition toutefois qu'il ne pousse pas la conciliation jusqu'à admettre l'abandon. » Le Président américain, Eisenhower, veut être, lui aussi, l'artisan d'une détente durable entre les Etats-Unis et l'Union soviétique, et Khrouchtchev a fait en Amérique un voyage dont le succès spectaculaire lui paraît de bon augure. L'un et l'autre conviennent donc qu'il faut réunir un « sommet » à quatre.

Bien qu'il lui semblât qu'il n'y avait en perspective aucun accord sur Berlin et l'Allemagne entre les anciens vainqueurs de la guerre, le général de Gaulle ne voulait ni ne pouvait s'opposer à la réunion d'un « sommet ». Mais, auparavant, il tint à recevoir lui aussi Khrouchtchev qui arriva en France le 23 mars 1960. Le pittoresque de son personnage et le ton libre de ses propos contribuèrent au succès du voyage, mais le Président français le prévint que les troupes françaises resteraient à Berlin et que les communications entre les secteurs occidentaux de la ville et l'Allemagne de l'Ouest seraient maintenues sans qu'aucun contrôle exercé par la RDA ne soit accepté.

Ce fut pourtant la première fois, dès cette première rencontre avec le principal dirigeant soviétique, que le général de Gaulle employa les deux expressions qui serviront à symboliser sa politique à l'égard de l'Est et qui reviendront par la suite très souvent dans ses propos : « la détente, l'entente et la coopération » entre la France et l'Union soviétique et l'aménagement progressif de l'Europe « de l'Atlantique à l'Oural ».

III. — Les crises : Berlin, Cuba

La conférence « au sommet » réunissant Khrouchtchev, Eisenhower, Mac Millan et le général de Gaulle allait donc se tenir à Paris le 16 mai 1960. Mais quinze jours plus tôt un avion de reconnaissance américain U-2 avait été abattu alors qu'il volait au-dessus du territoire soviétique, et son pilote capturé. Arrivant à Paris le 15 mai, Khrouchtchev fit savoir qu'il demanderait à Eisenhower des excuses publiques, la garantie que de tels faits ne se reproduiraient jamais et les sanctions qu'il envisageait de prendre contre leurs responsables. Le général de Gaulle jugea que c'était exiger du Président américain une humiliation publique inacceptable pour lui. L'affaire pouvait être arrangée directement entre Washington et Moscou une fois le calme revenu, mais si l'on voulait que le « sommet » se tienne et qu'il aboutisse à quelque résultat, il ne fallait pas que son règlement, dans les conditions les plus désastreuses pour les Etats-Unis, en soit le préalable. C'est ce qu'il dit aux trois autres participants à la conférence. Mais Khrouchtchev maintint ses exigences. Elle se sépara avant d'avoir réellement commencé.

Une période de tension suivit, qui dura plus d'un an. Le Premier Ministre britannique Harold Mac Millan continua de souhaiter une négociation pour la transformation éventuelle de Berlin-Ouest en ville libre. Et, après sa rencontre avec Khrouchtchev en juin 1961, le nouveau Président américain, John Kennedy, se demanda aussi s'il ne convenait pas de négocier avec Moscou. Le général de Gaulle, quant à lui, ne croyant pas à l'utilité d'une négociation ouverte dans un climat de crise et sous la menace, s'y refusa, chaleureusement approuvé par le chancelier allemand Konrad Adenauer.

Le 15 août 1961, la crise se dénoua. Les Soviétiques érigèrent un mur qui séparait matériellement Berlin-Ouest de Berlin-Est et du territoire est-allemand, endiguant ainsi, d'un seul coup, le flot de réfugiés qui affluaient quotidiennement dans les secteurs occidentaux de l'ancienne capitale allemande. Mais, par là, les Soviétiques admettaient, en fait, qu'il ne pouvaient plus exiger le consentement américain, britannique et français à un changement d'un statut de Berlin ni à leur propre départ.

L'affaire de Cuba survint au moment où le général de Gaulle était engagé dans une difficile confrontation avec l'ensemble des partis politiques traditionnels à propos de l'élection du Président de la République au suffrage universel, qu'il voulait faire adopter par référendum : le gouvernement avait été renversé à ce sujet par le vote d'une motion de censure de l'Assemblée nationale, celle-ci avait été dissoute et des élections législatives devaient suivre le référendum. C'est donc alors qu'il fut informé par l'envoyé spécial du Président Kennedy, M. Dean Acheson, que l'on avait observé l'installation de bases de missiles nucléaires soviétiques en territoire cubain et que les Etats-Unis avaient l'intention d'en exiger le démantèlement, en recourant au besoin à un blocus de l'île. Dans le passé, le général de Gaulle n'avait pas approuvé la politique américaine envers le régime de Fidel Castro : il avait refusé de suivre les Etats-Unis dans leur décision de rompre avec Cuba et n'avait pas accepté davantage de les suivre dans l'embargo qu'ils avaient décrété sur les échanges commerciaux avec ce pays. Mais, cette fois, il lui parut que l'installation de missiles soviétiques sur le sol cubain traduisait une expansion des positions politiques et militaires de l'URSS dans une région du monde où elle n'avait elle-même aucun problème de sécurité, et qu'il était compréhensible que les Etats-Unis songent à préserver leur zone traditionnelle d'influence. Il donna donc son appui à la position américaine. En pratique, le règlement rapide de l'affaire, malgré quelques jours de tension extrême, fit que cela n'eut aucune conséquence sur les relations franco-soviétiques. Le général de Gaulle, du reste, fut convaincu, dès l'origine, que la crise n'aboutirait pas à un conflit et il ne la commenta dans aucune de ses déclarations publiques, pas plus qu'il ne l'évoqua dans ses *Mémoires d'espoir*.

IV. — Détente, entente et coopération avec l'URSS

La fin de la guerre d'Algérie, libérant la politique étrangère française de toute entrave, allait permettre un essor rapide des relations franco-soviétiques. Des échanges de

visite eurent lieu d'abord entre ministres des Affaires
étrangères et ministres des Finances, qui aboutirent à l'ac-
croissement significatif des relations commerciales et, en
particulier, à l'augmentation considérable des exportations françaises. Les interventions du cocom, organisme
atlantique chargé de contrôler les échanges Est-Ouest,
cessèrent de constituer un obstacle réel au développement
du commerce franco-soviétique. Des crédits importants
furent consentis par Paris à Moscou. Les points de vue
des deux pays se rapprochèrent et parfois devinrent iden-
tiques, par exemple à propos du Vietnam, du Laos, du
Cambodge, des interventions américaines — sous couvert
des Nations Unies — dans l'ancien Congo belge, à propos du Proche-Orient. Mais le point culminant de la nouvelle politique française à l'Est fut atteint lors du voyage
du général de Gaulle en Union soviétique du 20 au
30 juin 1966. C'était la première fois qu'un chef de l'Etat
français s'y rendait depuis qu'il était allé lui-même à Moscou en décembre 1944. Tout fut fait pour que sa visite ait
un caractère spectaculaire et soit exceptionnellement réus-
sie. Il la caractérisa comme témoignage des relations his-
toriques entre la France et la Russie, écartant une fois de
plus toute référence à la nature idéologique et politique
du régime soviétique. Il fit reconnaître par ses interlocuteurs, qui l'avaient longtemps contesté, qu'il ne pouvait y
avoir incompatibilité entre les très étroites relations franco-allemandes et le développement des rapports franco-
soviétiques. Et il définit ceux-ci, en une formule qui devait
désormais qualifier les relations entre les deux pays, par
les trois mots : détente, entente, coopération.

V. — Les problèmes
de l'Europe de l'Est

De même qu'il avait considéré la Chine comme un Etat entièrement indépendant et avec lequel il fallait avoir des rapports
particuliers, de même le général de Gaulle voulut-il que la
France accroisse méthodiquement et systématiquement ses relations avec les pays de l'Europe de l'Est, en prenant en compte les
intérêts nationaux et les caractéristiques nationales de chacun. Il
ne s'agissait pas de les pousser à entrer ouvertement en conflit

avec l'Union soviétique, alors que dans ce cas on n'aurait pu efficacement les soutenir, mais de développer, par la multiplication des échanges, leurs capacités d'autonomie et leurs spécificités nationales.

C'est ainsi que du 6 au 11 septembre 1967, il se rendit en Pologne et donna à ses discours le ton d'une exhortation à l'indépendance, tout en s'appuyant sur la tradition des rapports étroits entre Français et Polonais — le dirigeant communiste Gomulka manifestant d'ailleurs son attachement aux liens de son pays avec l'Union soviétique. C'est ainsi que, dès 1964, il avait accueilli à Paris le Premier Ministre roumain Ion Maurer au moment où le divorce sino-soviétique donnait à la Roumanie l'occasion de prendre ses distances à l'égard de Moscou et d'adopter une politique plus indépendante. Le général de Gaulle se rendit lui-même à Bucarest, en 1968, et insista sur la nécessité de l'indépendance pour les nations d'Europe face au poids des hégémonies.

L'intervention soviétique en Tchécoslovaquie, au mois d'août 1968, marqua les limites que Moscou assignait à cette indépendance pour les pays se trouvant dans sa zone d'influence. Le général de Gaulle, en condamnant cette intervention, l'analysa dans une conférence de presse et au cours d'un Conseil des Ministres comme une preuve nouvelle de la nocivité du système des blocs, et de la nécessité, pour les peuples qui voudraient s'en affranchir, de sortir des liens idéologiques qui les rattachaient à une superpuissance et de s'appuyer seulement sur leurs intérêts nationaux.

Chapitre VI

LA FRANCE
CONTRE L'HÉGÉMONIE AMÉRICAINE

Revenant au pouvoir, le général de Gaulle avait l'intention de remettre en cause, non l'Alliance atlantique qui lui semblait nécessaire comme « symétrique » — suivant son expression — du Pacte de Varsovie, mais le fonctionnement de cette alliance et l'organisation militaire qui en était issue. Il s'agissait par là de mettre un terme à l'hégémonie que les Etats-Unis exerçaient sur la France et d'offrir aux autres pays européens l'exemple du choix de l'indépendance.

I. — Les divergences franco-américaines

Quelques semaines à peine après que le général de Gaulle eut pris la direction du gouvernement, il reçut le secrétaire d'Etat américain John Foster Dulles. Et il apparut sur-le-champ que les conceptions des deux hommes étaient différentes. Le secrétaire d'Etat américain déclara que tout se ramenait, dans le monde, à l'opposition entre deux camps, celui de l'Est, animé par l'idéologie communiste, et le camp occidental dont les Etats-Unis avaient pris la tête. Il demanda à son interlocuteur que la France occupe pleinement sa place dans le système de sécurité que les Etats-Unis avaient bâti, et, sachant que le nouveau gouvernement français avait l'intention de faire construire des armes nucléaires nationales, il lui suggéra d'y renoncer, moyennant quoi les Etats-Unis lui en fourniraient.

Le général de Gaulle repoussa aussitôt cette suggestion, déclarant qu'une force de dissuasion nucléaire garantirait l'indépendance de la France pour sa sécurité et lui donnerait donc le moyen d'une politique étrangère indépendante. Confirmant qu'en cas d'agression soviétique l'Alliance atlantique jouerait immédiatement, il répliqua à John Foster Dulles que cette agression, précisément, ne se produisait pas et souligna la divergence entre leurs deux conceptions : « A mon sens, lui dit-il, ce qui, au fond, domine dans le comportement de Moscou, c'est le fait russe au moins autant que le fait communiste. Or, l'intérêt russe c'est la paix. Il semble donc que, sans négliger les moyens de se défendre, on doive s'orienter vers des contacts avec le Kremlin. »

Il les définissait ainsi devant le Président Eisenhower : « De nation européenne à nation européenne, un rapprochement, effectué à partir des faits accomplis et n'ayant, pour commencer, que des objets économiques, culturels, techniques, touristiques, offrirait des chances de briser pan par pan le rideau de fer, de rendre peu à peu injustifiable la frénésie des armements, même de conduire pas à pas les totalitaires à relâcher leur rigueur. La France... peut et doit donner l'exemple. C'est ce qu'elle a l'intention de faire. »

A cette opposition de conception s'ajouta celle concernant l'armement nucléaire. Le général de Gaulle l'exposa plus tard au Président Eisenhower : « Vous savez bien qu'à l'échelle des mégatonnes, il ne faudrait que quelques volées de bombes pour démolir n'importe quel pays. Afin que notre dissuasion puisse être efficace, il nous suffit d'avoir de quoi tuer l'adversaire une fois, même s'il possède les moyens de nous tuer dix fois. »

II. — La mise en cause
du système atlantique

Encore fallait-il, pour le général de Gaulle, trouver le moyen de mettre en pratique sa volonté de contestation du système atlantique tel qu'il fonctionnait jusque-là. Les événements lui en fournirent aussitôt l'occasion. Dès l'été 1958, comme on l'a vu, les Etats-Unis, entraînant avec eux la Grande-Bretagne, débarquaient un corps expéditionnaire au Liban, en principe pour protéger ce pays d'une éventuelle intervention de l'Egypte, en pratique pour aider le Président Camile Chamoun à se maintenir au pouvoir. Cet épisode montrait que les pays membres de l'Alliance atlantique pourraient, par le jeu de l'intégration de leurs forces militaires, se trouver entraînés dans une crise qu'ils n'auraient pas voulue et dont ils ne contrôleraient ni le développement ni l'aboutissement. Le général de Gaulle prit donc appui sur la crise libanaise pour s'adresser à Washington et à Londres, dans un mémorandum du 14 septembre, pour demander que la direction effective de l'Alliance atlantique soit assurée désormais par les trois gouvernements, américain, britannique et français et que leurs concertations s'appliquent à l'ensemble des problèmes internationaux. Faute de quoi la France se réservera le droit de ne plus participer à aucun développement de l'OTAN, d'en exiger la réforme ou d'en sortir.

Le général de Gaulle savait qu'il n'y avait aucune chance que ses suggestions soient acceptées tant les Etats-Unis trouvaient naturel leur rôle de chef de file du camp occidental, tant ils redoutaient que leur hégémonie politique et militaire soit contestée par la France. De fait, les réponses évasives de Washington et de Londres équivalaient à un refus. C'était ce qu'attendait le général de Gaulle pour agir. Il prit d'abord une série de mesures qui marquaient la distance prise désormais par la France à l'égard de l'Organisation atlantique.

Après l'accession à l'indépendance de l'ancien Congo belge, la France désapprouva les entreprises du gouvernement américain qui, avec l'aide de l'Assemblée générale des Nations Unies et de son secrétaire général, veulent y intervenir pour imposer le gouvernement de leur choix. Quand les Etats-Unis rompirent avec Cuba, voulurent en imposer le blocus et demandèrent à leurs alliés de suivre leur exemple, le gouvernement français maintint ses relations diplomatiques avec La Havane et se refusa à tout embargo. Il refusa aussi d'affecter la moindre force à l'OTASE. Il s'opposa à la politique américaine au Laos, qui voulait y favoriser la formation d'un gouvernement favorable à leur implantation militaire dans la péninsule indochinoise et, au contraire, soutint fermement le retour et le maintien au pouvoir du prince Souvanna Phouma qui défendait la neutralité du pays. Enfin, après avoir fait échec aux projets américains de « force multinationale » ou multilatéral nucléaire, le général de Gaulle décida, en mars 1966, que la France quitterait sur le champ l'Organisation militaire atlantique.

III. — La France et la guerre du Vietnam

L'opposition entre les vues françaises et américaines sur le Laos laissait prévoir des divergences plus grandes encore à propos du Vietnam. Elles apparurent dès la première rencontre entre le général de Gaulle et John Kennedy venu lui rendre visite le 31 mai 1961. Le nouveau Président américain évoqua l'installation de bases aériennes en Thaïlande et sa politique au Laos pour ajouter qu'il s'agissait essentiellement de défendre au Sud-Vietnam le régime de Ngo Dinh Diem pour y constituer un « môle de résistance » au camp soviétique qui, à ses yeux, englobait aussi bien la Chine que le Nord-Vietnam. La réponse du général de Gaulle traduisit ce que serait la conception française durant toute la guerre du Vietnam qui était en train de commencer : « Pour vous, dit-il au Président Kennedy, l'intervention dans cette région sera un engrenage sans fin. A partir du moment où les nations se sont éveillées, aucune autorité étrangère, quels que soient ses moyens, n'a de chance de s'y imposer... Si vous trouvez sur place des gouvernements qui, par intérêt, consentent à vous obéir, les peuples, eux, n'y consentent pas... L'idéologie que vous invoquez n'y changera rien. Bien plus, les masses la confondront avec votre volonté de puissance. C'est pourquoi, plus vous vous engagerez là-bas contre le communisme, plus les communistes apparaîtront comme les champions de l'indépendance nationale... Je vous prédis que vous irez vous enlisant pas à pas dans un bourbier militaire et politique sans fond, malgré les pertes et les dépenses que vous pourrez y prodiguer. Ce que vous, nous et d'autres devront faire dans cette malheureuse Asie, ce n'est pas de nous substituer aux Etats sur leur propre sol, mais c'est de leur fournir de quoi sortir de la misère et de l'humiliation qui sont, là comme ailleurs, les causes des régimes totalitaires. »

En août 1963, le gouvernement français publia donc une déclaration où, pour la première fois, il condamna publiquement les interventions étrangères au Sud-Vietnam qui, étant donné les circonstances, visait avant tout l'intervention américaine. La tension qui en résulta entre Paris et Washington ne cessa de croître désormais, surtout après l'installation à la Maison Blanche du Président Lyndon Johnson qui n'éprouvait pas envers la personnalité du général de Gaulle l'attrait et les sentiments mêlés de réserve et d'admiration qu'éprouvait son prédécesseur John Kennedy. Cette tension culmina avec le discours de Pnom Penh, en 1966, et les nombreuses déclarations où le général de Gaulle condamna passionnément l'intervention américaine. Elle ne s'atténua qu'après la décision du Président Johnson d'ouvrir des pourparlers avec les Vietnamiens, qui commencèrent à Paris à partir de mai 1968.

IV. — La contestation
des privilèges du dollar

La conférence de Bretton-Woods en juillet 1944 avait posé les bases d'un étalon de change or.

La parité des monnaies était définie : « au poids d'or pris comme commun dénominateur ou en dollar des Etats-Unis d'Amérique du poids et du titre en vigueur le 1er juillet 1944 ». En apparence, le métal jaune était donc à la base du système et, de surcroît, le quart des réserves versées par chaque pays devait l'être en or. La monnaie américaine, en tant que telle, n'apparaît jamais dans les statuts comme étalon : il s'agit de ses poids et titres en or à une date définie.

Dans la réalité, et il aurait difficilement pu en être autrement, le dollar devint la monnaie internationale et l'étalon du système de Bretton-Woods.

Pour deux raisons : d'une part, les Etats-Unis détenaient les trois quarts du stock d'or mondial et, d'autre part, seul le marché américain, sur lequel les produits se paient en dollars, était capable de fournir les biens nécessaires à la reconstruction des pays européens et du Japon dévastés par la guerre.

La demande de dollars était énorme. Comme le Fonds monétaire international ne disposait pas des moyens de les fournir, les dépenses de reconstruction furent financées principalement par le plan Marshall.

Dans un premier temps, le système de Bretton-Woods fonctionna bien, mais pas conformément aux accords. Les pays membres ne parvenaient pas encore à assurer la convertibilité de leurs monnaies ; malgré des dévaluations très substantielles, le FMI ne pouvait intervenir.

A partir de 1958, les pays européens et le Japon rétablirent et développèrent leurs capacités productives ; les principales monnaies devinrent à nouveau convertibles en décembre. Les exportations européennes et japonaises vers les Etats-Unis et le reste du monde se développèrent alors que la demande de produits américains se réduisait, en valeur relative. Cependant, le flot de dollars ne tarissait pas, car les investissements directs avaient pris le relais de l'aide à la reconstruction. Les dollars s'accumulaient dans les banques centrales qui les échangèrent à la parité en or ; entre le 1er janvier 1958 et le 31 décembre 1970, les réserves métalliques américaines diminuèrent du quart. Tous les dollars ne retournaient pas aux Etats-Unis, une part de plus en plus importante était recyclée sur le marché de l'euro-dollar et constituait la base d'une pyramide internationale de crédit. De plus en plus, l'étalon de change or apparaissait, selon l'expression de Jacques Rueff, comme un danger pour l'Occident. Pour trois raisons :

— En premier lieu, l'étalon de change or permettait d'échapper à la contrainte de l'équilibre de la balance des paiements. Dans l'étalon-or, un déficit de balance des paiements entraînait, par le transfert auquel le règlement donnait lieu, une compression du pouvoir d'achat dans le pays déficitaire. La baisse de la demande qui en résultait comprimait les importations et permettait de dégager un surplus exportable. Au contraire, quel que soit le montant des déficits, le volume global du pouvoir d'achat n'était pas affecté en régime d'étalon de change or. Dans ce régime, l'équilibre de la balance des paiements ne pouvait résulter que d'une politique volontariste du crédit, et ces contractions de crédit étaient infiniment plus difficiles à obtenir que les ajustements — présumés automatiques — provoqués par les déplacements de métal.

— En second lieu, le déficit de la balance des paiements des Etats-Unis, dont la monnaie était retournée à la Federal Reserve Bank par les banques centrales qui la recevaient, produisait une véritable duplication des bases du crédit dans le monde. En effet, comme le dollar était monnaie de réserves, les Etats-Unis payaient leurs dettes extérieures en monnaie nationale, ils se procuraient des devises contre leur propre monnaie. Les dollars détenus par les banques centrales non américaines, contrepartie de leurs masses monétaires nationales, constituaient ainsi la base d'une nouvelle création de monnaie sans que les liquidités internes américaines aient le moins du monde diminué.

Enfin, le stock d'or américain servait de garantie à la fois à la monnaie interne et aux avoirs étrangers libellés en dollars, qui augmentaient avec les déficits cumulés de la balance des paiements des Etats-Unis.

Permettant de financer leur développement externe sans débours, le dollar fonctionnait comme une arme pour les entreprises américaines. Le dollar, devenu le seul étalon international, était néanmoins géré par les autorités américaines sur la base de leurs intérêts domestiques. Comme les intérêts économiques des Etats-Unis étaient, pour l'essentiel, situés à l'intérieur de leurs frontières, il était parfaitement naturel que les autorités américaines administrent le dollar en fonction de leurs seules nécessités domestiques. Le dollar est la monnaie des Etats-Unis et le problème du reste du monde.

Le refus des privilèges du dollar conduisait donc à demander la conversion en or des dollars détenus par les banques centrales et à prôner un retour à l'étalon-or : *arbitre neutre et impartial...*

Puisque l'étalon de change or était devenu le canal monétaire de la domination américaine, il était logique que le général de Gaulle fût un ferme partisan du retour à l'étalon-or.

« Sans doute, ne peut-on songer à imposer à chaque pays la manière dont il doit se conduire à l'intérieur de lui-même, déclarait-il le 4 février 1965 ; mais la loi suprême, la règle d'or — c'est bien le cas de le dire — qu'il faut remettre en vigueur et en honneur dans les relations internationales, c'est l'obligation d'équilibrer, d'une zone monétaire à l'autre, par rentrées et sorties effectives de métal précieux, la balance des paiements résultant de leurs échanges. »

V. — Nixon-De Gaulle : la reconnaissance de l'indépendance française

Aggravées par l'attitude opposée des Etats-Unis et de la France face à la guerre israélo-arabe de juin 1967 et, plus généralement, dans l'affaire du Proche-Orient, les divergences franco-américaines s'étaient atténuées avec l'ouverture de la conférence américano-vietnamienne de Paris. Le gouvernement français, en effet, était soucieux de ne rien dire et de ne rien faire qui pût compromettre le cours des entretiens et les chances d'un accord. Mais l'arrivée au pouvoir du Président Nixon apporta, de surcroît, aux relations entre Paris et Washington un changement de ton et de façons. Le nouveau Président américain professait une certaine admiration envers le général de Gaulle. Surtout, il considérait comme acquise et irréversible la volonté de la France de mener une politique indépendante et d'assurer sa sécurité par une stratégie indépendante. Enfin, il était résolu à mettre fin à la guerre du Vietnam et comptait que la France, dont l'autorité et le prestige dans le Sud-Est asiatique s'étaient beaucoup accrus du fait des positions qu'elle avait prises, saurait l'y aider le moment venu.

Tel était l'état d'esprit dont il fit part au général de Gaulle quand il lui rendit visite au début de 1969. Les entretiens entre les deux hommes semblèrent donc annoncer un nouveau cours des relations entre la France et les

Etats-Unis, dès lors qu'il n'était plus question d'hégémonie américaine sur la France. Mais, quelques semaines plus tard, le général de Gaulle démissionnait après que le « non » l'eut emporté au référendum du 27 avril 1969 et le Président Nixon aurait affaire désormais à un autre interlocuteur : Georges Pompidou.

Chapitre VII

LA CONSTRUCTION
EUROPÉENNE

A de nombreuses reprises et dès avant la libération de
la France, le général de Gaulle s'était prononcé en faveur
d'une organisation de l'Europe occidentale. Dans plusieurs déclarations il avait envisagé que celle-ci comprît
avec la France, la Grande-Bretagne, la Hollande, la Belgique, le Luxembourg, l'Italie et l'Allemagne occidentale.
Mais, en toute occasion, il avait exclu que cette organisation européenne fût autre chose qu'une association
d'Etats, gardant en dernier ressort et dans les domaines
essentiels, leur liberté de décision et il n'avait envisagé
leur « confédération » qu'au terme d'une évolution historique dont la durée ne pouvait être fixée d'avance. Enfin,
l'Europe, telle qu'il la concevait, comme chacun des Etats
la composant, devait garder son indépendance vis-à-vis
des hégémonies extérieures, c'est-à-dire des Etats-Unis.

Telle est la conception qu'il allait s'efforcer de faire prévaloir dans la politique étrangère française. Mais il devait
évidemment tenir compte de ce qui avait été fait avant son
retour au pouvoir et de l'état de l'Europe quand il y revint.

I. — Pour ou contre
la supranationalité

Le général de Gaulle avait constamment opposé « deux
manières de concevoir l'Europe et peut-être de la faire » :
l'une consistant à organiser les pays européens en une fé-

dération qui détiendrait les pouvoirs essentiels et où les décisions seraient prises suivant la règle de la majorité, c'est-à-dire à créer une Europe supranationale ; l'autre laissant aux Etats leur indépendance mais prévoyant l'instauration de règles communes et l'élaboration de politiques communes où les décisions principales seraient prises par l'unanimité des pays adhérant à cette Europe. La Communauté européenne du Charbon et de l'Acier (CECA) était une organisation de type supranational et que le général de Gaulle avait vivement critiquée. C'était aussi la supranationalité qui caractérisait avant tout le projet de Communauté européenne de Défense (CED) supprimant l'armée française et l'intégrant dans une armée européenne elle-même dépendante de l'Organisation militaire atlantique, et le général de Gaulle avait beaucoup contribué à sa mise en échec. La Communauté économique européenne, créée par le traité de Rome ratifié en 1957, ne comportait pas, du moins durant les premières étapes de sa mise en œuvre, d'aspect supranational. C'est seulement à partir de 1966 que la règle de la majorité s'appliquerait aux décisions de la Communauté : pour l'essentiel et au moins dans une première phase, la Communauté européenne pourrait donc se développer par accord entre les Etats et donc fonctionner conformément aux principes de la politique européenne souhaitée par le général de Gaulle.

A la même date avait été créée une Communauté européenne de l'énergie atomique, baptisée Euratom. Elle impliquait des contraintes très rigoureuses quant à la production et à l'utilisation des matières fissiles. C'était là un système incompatible avec le libre choix par les Etats de leur politique nucléaire et en particulier pour l'utilisation des ressources qui seraient nécessaires au développement de l'armement nucléaire, tel que la France voulait s'en doter.

Ainsi la politique étrangère française, telle qu'elle allait être menée désormais suivant les principes définis par le général de Gaulle, pouvait comporter la mise en œuvre de la Communauté économique européenne — non sans problème pour les règles de fonctionnement qu'elle aurait à l'avenir — mais excluait en revanche que l'Euratom puisse exister tel qu'il avait été prévu par ses fondateurs.

II. — Les premiers choix

Avant la fin de l'année 1958, la France devait être prête pour la première étape de la mise en œuvre du Marché commun qui prévoyait l'abolition du contingentement des échanges et la réduction de 10 % des droits de douane à l'intérieur de la Communauté. Elle devait aussi se prononcer sur les propositions de rapprochement entre la Communauté économique européenne et l'Association européenne de Libre-Echange (AELE) instituée par la Grande-Bretagne, l'Autriche et les pays scandinaves et dont l'initiative revenait surtout au gouvernement britannique. Enfin, il fallait préciser les rapports que la France entretiendrait désormais avec ses partenaires de la Communauté qui, tous, avaient jusque-là soutenu, en tous domaines, le principe de supranationalité pour l'organisation européenne en même temps que l'adhésion de l'Europe à l'Organisation atlantique telle qu'elle fonctionnait, c'est-à-dire sous l'influence prépondérante des Etats-Unis.

1. **Le rapprochement franco-allemand.** — Les relations entre la France et l'Allemagne paraissaient au général de Gaulle la clé de toute politique européenne. « Toutes précautions doivent être prises, écrit-il dans ses *Mémoires d'espoir,* pour prévenir le retour en force des mauvais démons germaniques. Mais, d'autre part, comment imaginer qu'une paix véritable et durable se fonde sur des bases telles que ce grand peuple ne puisse s'y résigner, qu'une réelle union du continent s'établisse sans qu'il y soit associé, que de part et d'autre du Rhin soit dissipée l'hypothèse millénaire de la ruine et de la mort tant que se prolongerait l'inimitié d'autrefois ? » Les « précautions » envisagées par le général de Gaulle sont d'abord le maintien des frontières actuelles de l'Allemagne, c'est-à-dire la reconnaissance définitive de la ligne Oder-Neisse comme frontière germano-polonaise, l'interdiction de tout armement nucléaire allemand et, pour un avenir souhaitable mais forcément lointain, l'insertion de l'Allemagne dans l'ensemble du continent, grâce à quoi « serait garantie la sécurité de tous entre l'Atlantique et l'Oural et créé dans la situation des choses, des esprits et des rapports, un

changement tel que la réunion des trois tronçons du peuple allemand y trouverait sans doute sa chance ». En attendant, suivant de Gaulle, il faut établir entre l'Allemagne et la France « un réseau de liens préférentiels » et faire de l'entente franco-allemande le seul véritable moteur de la construction européenne.

Ce sont les idées qu'il exposa au chancelier Konrad Adenauer quand il le reçut chez lui à Colombey-les-Deux-Eglises, les 14 et 15 septembre 1958. C'était la première fois que les deux hommes se rencontraient et ils s'entendraient et s'estimeraient au point que leurs rapports compteraient pour beaucoup dans la politique européenne jusqu'à la démission du chancelier en 1963. Le général de Gaulle lui suggéra « l'acceptation des faits accomplis pour ce qui est des frontières, une attitude de bonne volonté pour les rapports avec l'Est, un renoncement complet aux armements atomiques, une patience à toute épreuve pour la réunification ». Dans l'immédiat il lui demanda aussi que l'Allemagne soutienne les efforts qui seront faits pour que la Communauté économique européenne adopte une politique agricole commune et qu'elle admette que la Grande-Bretagne devra être tenue à l'écart de la Communauté tant que celle-ci ne se sera pas consolidée et tant qu'elle-même conservera ses relations économiques et politiques particulières avec les Etats-Unis et le Commonwealth. Bien que reconnaissant les réticences de la plupart des Allemands sur ces deux points, le chancelier Adenauer consentit à privilégier la construction économique et, si possible, politique de l'Europe des Six.

2. **La préparation du Marché commun.** — Les objectifs du traité de Rome sont ambitieux : union douanière, union économique, politique sociale européenne (circulation des travailleurs, harmonisation des avantages sociaux, égalité des salaires masculins et féminins). En fait, le traité définit surtout de grands principes dont les modalités d'application doivent être précisées par des règlements ultérieurs. Aussi, une période transitoire de douze ans, découpée en trois étapes, était-elle prévue et des clauses de sauvegarde furent-elles aménagées pour protéger temporairement des secteurs sensibles.

La Communauté de Rome repose sur quatre libertés fondamentales : libre circulation des marchandises, liberté d'établissement, libre circulation des travailleurs, libre circulation des capitaux. Elle définit également deux règles du jeu : concurrence et non-discrimination.

Si le souci majeur était la création d'un marché unique grâce à l'union douanière, l'harmonisation des politiques économiques était très présente dans le traité, des interventions et des législations nationales disparates ne devaient pas fausser la concurrence. La CEE devait tendre à rapprocher les conditions de vie et de production. Parallèlement à la libération douanière et à la réglementation des marchés agricoles, il importait de créer un droit des sociétés européen, d'harmoniser les fiscalités, charges et prestations sociales, législation du travail, systèmes nationaux de subvention ou de taxation... Surtout, au fur et à mesure que le rapprochement s'effectuerait, la nécessité de la coordination des politiques budgétaires et monétaires s'imposerait de plus en plus.

Dans la perspective de l'ouverture des frontières, le gouvernement français adopta, le 27 décembre 1958, un programme d'assainissement financier qui comportait notamment une dévaluation importante — 17,5 %. Il s'agissait d'éviter que l'abolition des droits de douane ne crée une concurrence irrésistible à l'industrie nationale. En même temps était défini le nouveau franc (franc lourd) centuple de l'ancien, conçu comme un signe de stabilité et de solidité, et qui devait entrer en vigueur en 1960. Les décisions du 27 décembre 1958 peuvent être regroupées selon deux axes : à l'intérieur, suppression des indexations, remise en ordre des finances publiques ; à l'extérieur, dévaluation (la seconde en un an), libération des échanges et retour à la convertibilité. La CEE avait commencé à peser sur les choix de politique économique des Etats membres.

III. — L'échec d'un projet d'union politique

Le 29 juillet, de Gaulle proposa au chancelier Adenauer de mettre sur pied une organisation politique de l'Europe conforme à ses conceptions strictement confédérales et sans concession à la supranationalité. Cette offre parut d'abord séduire le chancelier Adenauer. Mais le gouvernement allemand y vit un recul sur l'intégration économique déjà réalisée. De plus, les compétences de l'organisation européenne, en matière de défense, semblaient envisagées sans aucun rapport avec les obligations de l'Alliance atlantique. A la fin d'août, on avait pris conscience à Bonn de l'étendue des divergences franco-allemandes, le chancelier Adenauer écrit à de Gaulle pour les regretter, en termes assez amers. De Gaulle fit pourtant prévaloir le principe d'une réunion des chefs d'Etat ou de gouvernement de l'Europe des Six. La première se tint les 10 et 11 février 1961, la seconde le 19 juillet, et on y décida la création d'une commission d'experts chargée de préparer un traité politique.

Elle se réunit le 5 septembre, sous la présidence de l'ambassadeur de France au Danemark, Christian Fouchet. Deux mois plus tard, elle achevait ses travaux. Les institutions nouvelles seraient compétentes en matière de politique étrangère, de défense et de questions culturelles ; les chefs d'Etats ou de gouvernements et les ministres des Affaires étrangères se réuniraient régulièrement ; une assemblée parlementaire européenne serait commune à la nouvelle organisation politique, à la Communauté du Charbon et de l'Acier, au Marché commun et à l'Euratom ; une commission politique permanente siégerait à Paris et préparerait les décisions ministérielles ; celles-ci seraient prises à l'unanimité au moins pendant les trois premières années. Si un seul Etat s'y opposait, elles seraient applicables aux cinq autres ; au bout de trois ans, le traité pourrait être révisé en vue de renforcer l'unité européenne et d'unifier les diverses communautés.

Mais de Gaulle jugea possible de rallier ses partenaires européens à une conception nettement plus confédérale. Le 18 janvier, sur ses instructions, les diplomates français suggérèrent donc que les futurs organismes de l' « Union politique européenne » étendent leur compétence à l'économie et à la défense.

Le 14 février, il était allé voir le chancelier Adenauer à Baden-Baden ; les 4 et 5 avril, il se rendit à Turin pour y

65

rencontrer le président du Conseil italien, M. Fanfani ; et le 7 avril, ce dernier rencontra le chancelier Adenauer à Cadenabbia. Plusieurs litiges semblaient enfin surmontés. Ainsi, toute référence à l'OTAN dans le traité de coopération politique avait été écartée. Par contre, l'autorité du Conseil des chefs de gouvernement ne s'exercerait pas sur les institutions économiques européennes.

Les ministres des Affaires étrangères des Six se réunirent le 17 avril à dix heures quinze, au Quai d'Orsay. La réunion se termina le soir du même jour. Elle avait échoué. Pour l'essentiel, le refus opposé par M. Spaak, au nom de la Belgique, et par M. Luns, au nom des Pays-Bas, tenait en un dilemme très rigoureux. Il fallait, disaient-ils, prévoir un traité d'union politique conduisant, ultérieurement, à une fédération politique européenne. Si la France n'en voulait pas, autant valait laisser de côté les projets actuels d'union politique et attendre l'adhésion britannique au Marché commun. Si ferme était la position belgo-hollandaise qu'une proposition de compromis, avancée par M. Couve de Murville et tendant à préparer un projet d'union politique qui serait immédiatement soumis à la Grande-Bretagne, fut rejetée catégoriquement par M. Spaak et par M. Luns.

En dépit d'ultimes démarches du ministre des Affaires étrangères de Belgique, M. Spaak, vieil avocat de la fédération européenne, le général de Gaulle estimait lui-même que son projet d'union politique ne pouvait aboutir à bref délai. Le 15 mai, au cours d'une conférence de presse, il renouvelait avec vigueur ses critiques contre l'idée de supranationalité ; il fit allusion au « fédérateur » américain qui cherchait à s'imposer aux indépendances nationales ; il tourna en dérision le « volapük intégré » dont rêvaient les partisans d'une fédération européenne. Bien que ces propos fussent habituels chez lui et qu'ils n'aient apporté aucun élément nouveau à sa politique, ils suffirent à provoquer la démission des ministres MRP. Ainsi s'accusaient les divergences entre de Gaulle et les partisans de l'intégration politique, ceux-ci, de toute évidence, refusant d'admettre qu'une simple confédération politique puisse être une étape du long processus de construction européenne.

IV. — Le traité franco-allemand

Convaincu que l'avenir imposerait de toute façon sa politique à ceux qui s'y refusaient, il restait à de Gaulle à rechercher les voies qui rapprocheraient cette échéance. Une fois de plus, il comptait sur l'efficacité d'un accord direct entre la France et l'Allemagne. Si les deux pays établissaient entre eux des liens qui seraient la préfiguration de l'union politique européenne, la Belgique, la Hollande, l'Italie s'y rallieraient plutôt que d'accepter un tête-à-tête franco-allemand. Le chancelier Adenauer fut reçu en France, au mois de juillet, avec une exceptionnelle solennité. Deux mois plus tard, de Gaulle fit en Allemagne un voyage soigneusement organisé en vue de séduire le peuple allemand. Ce fut, du reste, une incontestable réussite, et il suscita dans l'opinion publique une adhésion enthousiaste que les hiérarchies traditionnelles et les cadres politiques ne lui avaient jamais donnée. En tout cas, de Gaulle et Adenauer s'étaient mis d'accord sur l'objectif de cet échange de visite : le chancelier, toutefois, exigea que le simple protocole d'union politique, souhaité par de Gaulle comme préfiguration de l'union politique européenne, prît la forme d'un traité d'alliance qui engagerait ses successeurs. Dès l'automne, le traité fut négocié et conclu ; il fut signé le 22 janvier.

Cependant, le Bundestag assortit la ratification du traité d'un préambule qui excluait toute coopération particulière entre la République fédérale et la France tant pour le fonctionnement des institutions européennes qu'à l'égard de l'Alliance atlantique et surtout en matière de défense. Le traité fut donc l'instrument d'un rapprochement franco-allemand dans de nombreux domaines d'ordre pratique et culturel et d'une concertation régulière entre les deux pays sur de nombreux sujets, mais il fallut attendre les années 80 pour que l'Allemagne accepte qu'il serve aussi de cadre à des consultations régulières et le cas échéant à des actions communes en matière de défense.

V. — La candidature britannique

La Grande-Bretagne n'avait, pendant longtemps, accordé que de faibles chances de réalisation au Marché commun. Cependant, en prévision d'une mise en œuvre, même partielle, de la première étape prévue par le traité de Rome, elle avait constitué avec l'Irlande, l'Autriche et les pays scandinaves une zone de libre-échange qui servirait de pôle d'attraction à l'égard de plusieurs des pays de la Communauté européenne, en particulier l'Allemagne et la Hollande, de sorte qu'elle pourrait exercer une influence sur le développement du Marché commun lui-même et peut-être mener à un rapprochement des deux groupements en vue de former une vaste zone européenne de libre-échange. Mais les réformes économiques, monétaires et financières adoptées par la France à la fin de 1958 et sa décision de mettre en application le traité de Rome sans délai ni précaution particulière déjouèrent les prévisions britanniques. Aussi le Premier Ministre Harold Mac Millan décida-t-il de renverser la politique traditionnelle de la Grande-Bretagne à l'égard de la construction européenne et de s'y associer. Au cours d'un entretien privé, il suggéra même au général de Gaulle que l'occasion historique s'offrait de construire l'Europe par l'action conjuguée de trois hommes de même génération et de mêmes convictions : Adenauer, de Gaulle et lui-même. Et, bien que le général de Gaulle l'ait averti qu'il jugeait difficile l'adhésion britannique à la communauté européenne, en raison des liens économiques et politiques très étroits entre la Grande-Bretagne et le reste du monde anglo-saxon, Etats-Unis et pays du Commonwealth, il présenta la candidature anglaise le 9 août 1961.

Celle-ci se justifiait par des raisons économiques et politiques : l'expansion économique anglaise n'était plus que la moitié de celle de l'Europe continentale et, de surcroît, les responsables britanniques jugeaient impossible de se tenir à l'écart d'un ensemble sans cesse plus dynamique et plus homogène et estimaient que la Grande-Bretagne ne pourrait y exercer une influence prépondérante que si elle en était elle-même membre à part entière. Enfin, les Etats-Unis poussaient à son adhésion, jugeant que celle-ci orienterait le Marché commun vers un libre-échange international, limiterait l'influence que la France, et en particulier le général de Gaulle, exerçait sur l'Europe, et l'empêcherait de former, peut-être, une Europe trop indépendante.

Le général de Gaulle connaissait les intentions du gouvernement britannique et devinait sans peine ses arrière-pensées. Cependant, il n'écartait pas la possibilité d'une évolution de l'Angleterre vers des positions plus strictement européennes. De plus, après l'échec des projets d'union politique, il savait que ses partenaires de l'Europe des Six n'avaient pas les mêmes vues que lui sur la nécessité d'une Europe unie mais indépendante et qu'ils ne consentiraient plus au développement de la construction européenne tant que la Grande-Bretagne n'en ferait pas partie. Dès cette date, il était résolu à s'en tenir à la mise en œuvre du Marché commun, sous réserve que les décisions n'y soient pas prises seulement à la majorité des Etats membres, au développement du rapprochement franco-allemand et au dialogue franco-britannique en vue de vérifier les intentions profondes de la Grande-Bretagne.

D'une rencontre entre le général de Gaulle et Mac Millan les 2 et 3 juin au château de Champs ressortait une impression plutôt favorable : les négociations sur l'adhésion britannique avaient abouti déjà à un accord assez général sur les problèmes industriels. Mais du 25 au 28 juillet, puis du 1er au 5 août, on tenta vainement de résoudre les questions agricoles et de nouvelles négociations, à l'automne, n'aboutirent à aucun résultat important. Le 13 décembre, à Rambouillet, un nouvel entretien eut lieu entre le général de Gaulle et Mac Millan. On envisageait encore, du côté français, de notables concessions si l'adhésion britannique apparaissait comme le signe d'une politique générale tendant à renforcer l'indépendance des puissances européennes vis-à-vis des Etats-Unis. A cet effet, un projet avait été préparé concernant la coopération scientifique et technique de la Grande-Bretagne et de la France pour le développement d'une industrie nucléaire puissante en Europe. Mais, dès le début des entretiens de Rambouillet, il apparut que, du côté anglais, on voulait éluder toute discussion à ce sujet. Et, de même, le Premier Ministre Mac Millan écarta toute discussion sur les conséquences d'une éventuelle adhésion britannique au Marché commun sur la nature des liens entre le Royaume-Uni et ses partenaires du Commonwealth aussi bien que sur ses relations traditionnellement privilégiées avec les Etats-Unis.

Le coup de grâce fut porté aux négociations par l'accord conclu à Nassau entre le Président Kennedy et le Premier Ministre britannique, prévoyant que la totalité des forces atomiques anglaises serait versée à une « force multinationale » mise à la disposition de l'OTAN, c'est-à-dire en pratique sous commandement américain, sauf en cas d'un « péril suprême » dont on n'imaginait pas qu'il menacerait les îles britanniques sans concerner en même temps les Etats-Unis. Du reste, l'armement de cette force multinationale serait la fusée *Polaris* qui équiperait les sous-marins britanniques aussi bien qu'américains : elle était de construction américaine et son existence future ne dépendrait que des Etats-Unis. Par ailleurs, ceux-ci, comme on l'a vu, proposeraient à leurs partenaires de l'Alliance atlantique de constituer avec eux, au moyen d'équipages mixtes, une force multilatérale, elle aussi à la disposition de l'OTAN. Enfin, la France était invitée à donner son adhésion aux accords de Nassau.

Le général de Gaulle s'y refusa aussitôt. Il n'en conclut pas seulement que les Etats-Unis cherchaient par là à empêcher la mise sur pied d'une force de dissuasion nucléaire française, ce qu'il ne pouvait accepter, mais aussi que la Grande-Bretagne, quant à elle, avait accepté de rattacher sa propre force de dissuasion à un ensemble déterminé par les choix américains. C'en était assez pour que, dans sa conférence de presse du 14 juillet 1963, il repoussât les propositions américaines en même temps qu'il mettait fin aux négociations sur l'adhésion britannique au Marché commun.

La candidature anglaise à la Communauté économique européenne fut pourtant posée de nouveau par le gouvernement travailliste du Premier Ministre Harold Wilson, le 11 mai 1967. Le général de Gaulle estimait que le développement de la Communauté, l'affaiblissement relatif, à la fois économique, stratégique et politique, de la Grande-Bretagne et son irréversible évolution vers l'Europe conduirait un jour à l'y admettre et qu'il fallait en discuter les conditions et les conséquences. C'est pourquoi, recevant le 4 février 1969 l'ambassadeur de Grande-Bretagne à Paris, Sir Christopher Soames, il lui exposa que le moment était venu de conversations en vue de concilier, si possible, les conceptions des deux gouvernements : si un accord semblait plausible, il envisagerait pour sa part une transformation profonde du Marché commun en même temps qu'une coopération politique européenne où la France, l'Angleterre, l'Allemagne et l'Italie joueraient le plus grand rôle.

Le général de Gaulle envisageait ainsi à la fois d'écarter toutes perspectives d'Europe supranationale, de faire entrer l'Angleterre dans la Communauté et de faire progresser l'organisation politique de l'Europe. Mais, bien qu'il ait été précisé à l'ambassadeur Soames que les premiers échanges de vues franco-britanniques devraient être confidentiels, le Premier Ministre Harold Wilson informa les autres gouvernements européens des intentions françaises. Cet épisode survenait au moment où la France venait de suspendre sa participation aux réunions de l'Union de l'Europe occidentale (UEO) créée à l'occasion des traités de Londres et de Paris sur le réarmement de l'Allemagne qui n'avait eu aucune activité substantielle, mais où les partenaires du gouvernement français voulaient imposer un ordre du jour auquel elle ne consentait pas. Survenant dans ce climat, ce qu'on appela l' « affaire Soames » suscita les réactions hostiles des autres Etats membres de la Communauté et n'eut donc pas de suites. Quelques semaines plus tard le général de Gaulle quittait le pouvoir.

VI. — La réalisation du Marché commun

La concrétisation du Marché commun supposait que, dès le départ, soient mises en place une union douanière et, compte tenu de l'importance de la production agricole et du poids de la population rurale dans certains pays, en particulier le nôtre, une politique agricole commune. Il fallait aussi poser les jalons de l'union économique.

1. **L'union douanière.** — La mise en œuvre de l'union douanière fut à la fois progressive et accélérée.

Progressive parce qu'une période transitoire de douze ans était prévue (avec trois étapes), accélérée parce que les droits de douane existant entre les six ont été éliminés avec un an et demi d'avance sur le calendrier prévu, et le tarif douanier commun, mis en place en même temps. La réalisation des autres libertés fondamentales : liberté d'établissement, libre circulation des travailleurs, libre circulation des capitaux fut moins spectaculaire et moins rapide.

2. **Les jalons de l'union économique.** — Les Six recherchaient l'harmonisation des politiques nationales, étape préalable à l'union économique. Le traité considérait le rapprochement progressif des politiques économiques des Etats membres comme l'une des deux missions de la Communauté, avec l'établissement d'un Marché commun ; il imposait la coordination et tenait la politique de conjoncture comme une question d'intérêt commun. Furent mis en place des comités spécifiques : comité monétaire, comité de politique conjoncturelle, comité de politique budgétaire, comité des gouverneurs des banques centrales, comité de politique à moyen terme. L'efficacité de ces organes n'a longtemps pas été apparente. Il ne fait pas de doute cependant que, à long terme, cette démarche a contribué au rapprochement des politiques économiques des Etats membres.

3. **Le Marché commun agricole.** — L'agriculture soulevait des problèmes particuliers. La conférence de Strésa (3-11 juillet 1958) avait posé des principes parmi lesquels : l'élimination des subventions, la parité entre la rémunération des capitaux et du travail mis en œuvre dans l'agriculture et celle des autres secteurs de l'économie, et la sauvegarde des entreprises familiales.

Les membres continuaient à utiliser les subventions ou la taxation pour réduire l'écart croissant des revenus et les marchés intérieurs demeuraient très cloisonnés. La première étape toucha peu l'agriculture, aussi la France imposa-t-elle le règlement de la question agricole avant d'accepter le passage à la seconde étape, alors même que la RFA, en pleine restructuration, préférerait différer le choc des exportations françaises. Les Etats membres décidèrent d'accélérer la protection de leur marché par le Tarif extérieur commun (prélèvements externes) et renforçaient ainsi l'indépendance alimentaire des Six. Ils mirent simultanément en place une politique agricole commune ; à court terme, elle visait la création d'un marché unique ; à moyen terme, elle entendait rapprocher les pratiques nationales pour définir une réglementation communautaire de la production et de la commercialisation. Au niveau structurel, les Six s'efforçaient simplement de coordonner les mesures prises isolément.

Les instruments du marché unique agricole étaient les prix. En effet, les Six ont refusé de pratiquer les aides directes aux agriculteurs, les paiements compensatoires payés par les contribuables. Pour éviter que le revenu agricole ne dépende exclusivement de l'état du marché, les Six décidaient de garantir les prix. Leur fixation annuelle en commun prenait en compte à la fois le marché et les préoccupations sociales. L'élimination des tarifs nationaux ne fut pas chose facile. L'*affaire anglaise* de janvier 1963 et les négociations du *Kennedy round* eurent des incidences certaines, mais les difficultés les plus grandes furent suscitées par le principe du financement communautaire des dépenses agricoles (entré en vigueur en 1962 avec la création du Fonds européen d'Orientation et de Garantie agricole). C'est l'origine de la crise du 30 juin 1965, la politique française de *la chaise vide*. La Commission (propositions Hallstein du 31 mars 1965) souhaitait que les institutions communautaires soient dotées de ressources budgétaires propres, que les pouvoirs de contrôle du Parlement soient étendus au moment où la règle de la majorité qualifiée remplacerait celle de l'unanimité dans le vote des décisions. La France voyant là un risque d'affaiblissement de sa position et un germe de supranationalité refusa de dissocier les mesures d'accélération du problème du financement agricole et se retira. La crise dura jusqu'en 1966 (compromis de Luxembourg, 4 mai 1966) ; le financement fut alors décidé jusqu'en 1970 et la règle de la majorité qualifiée, abandonnée. Une difficulté chronique subsistait toutefois car la fixation des prix annuels restait décidée à la suite de marchandages entre les ministres concernés, *les marathons de Bruxelles,* et cela provoquait régulièrement la mobilisation des organisations agricoles. Par ailleurs, le soutien des prix agricoles absorbait l'essentiel des ressources de la Communauté.

Chapitre VIII

LA PRÉSIDENCE
DE GEORGES POMPIDOU

« Il ne faut pas compter sur moi pour démentir la ligne générale de la politique extérieure de la France... Il peut y avoir un changement de style, mais je ne déments aucune des grandes orientations. » Ces propos de Georges Pompidou au moment où il succédait au général de Gaulle résumaient ses intentions et annonçaient ce que serait sa politique étrangère. Il ne voulait rien changer aux trois axes principaux de la politique étrangère française des dernières années — indépendance nationale, dialogue avec l'Est, refus de l'hégémonie américaine — ni à l'attitude française à l'égard des deux crises internationales majeures — guerre du Vietnam et conflit du Proche-Orient. Mais il devait tenir compte de la volonté du Président Nixon de mettre fin à la guerre du Vietnam et de l'impossibilité de faire progresser la construction européenne tant que ne serait pas traitée au fond la question de la candidature britannique au Marché commun.

I. — Portée et limites
du rapprochement franco-américain

Au début de 1969, la visite que fit à Paris le Président Nixon, nouvellement élu, avait éclairé les dirigeants français sur ses intentions : il souhaitait dégager au plus tôt les Etats-Unis de l'aventure vietnamienne dans laquelle ils s'embourbaient depuis bientôt dix ans, malgré l'ouverture des pourparlers américano-vietnamiens à Paris, depuis mai 1968. De plus, le Président Nixon et son conseiller pour les affaires de sécurité nationale, Henry Kissinger, avaient assez clairement indiqué qu'ils renonçaient à l'attitude délibérément hostile de Lyndon Johnson envers la politique française d'indépendance nationale et qu'ils considéreraient désormais celle-ci comme une donnée intangible.

Le moment parut donc favorable à Georges Pompidou pour normaliser et détendre les relations franco-américaines et il choisit de faire en Amérique son premier voyage officiel après son élection.

Celui-ci commença bien. Les rapports personnels entre le Président Nixon et Georges Pompidou furent aussitôt très bons. Mais à Chicago, tout dérapa. Des manifestations violentes y eurent lieu, organisées par les partisans américains d'un soutien systématique à Israël, et qui prirent pour cible le Président français lui-même et sa femme. Georges Pompidou choisit d'y réagir de la manière la plus abrupte : il parla de « tache sur le front de l'Amérique », et écourta délibérément la fin de son voyage.

Cet épisode devait marquer à la fois la portée et les limites du rapprochement franco-américain. Georges Pompidou s'efforcerait de ne donner aucune tonalité « anti-américaine » à sa politique étrangère, d'autant qu'il voulait favoriser l'évolution de la politique vietnamienne des Etats-Unis, et que ses relations personnelles avec le Président Nixon allaient rester bonnes, y compris durant la période où celui-ci était ébranlé par l'affaire du Watergate. Mais il resterait très attentif à la distance séparant les politiques française et américaine à propos, par exemple, des problèmes du Proche-Orient, du Cambodge, de la crise pétrolière ou des relations entre les Etats-Unis et la Communauté européenne.

II. — Les relations avec l'Est

L'intervention soviétique en Tchécoslovaquie avait suscité, chez beaucoup d'observateurs, des interrogations sur le bien-fondé, et en tout cas sur le développement futur, de la politique française avec l'Est, telle que le général de Gaulle l'avait conçue et pratiquée. Celui-ci avait affirmé, dès la fin de 1968, qu'elle serait poursuivie. Georges Pompidou le voulait aussi. En pratique, il privilégia les rapports avec les deux grands Etats communistes, Chine et Union soviétique. Il alla en Chine en 1973, pour consacrer les très bonnes relations entre Paris et Pékin, mais l'essentiel de la politique à l'Est de Georges Pompidou fut dans le maintien et le développement des rapports franco-soviétiques. S'il ne voulut pas qu'ils se concrétisent en un trait formel entre les deux pays, il veilla à les resserrer autant que possible et à l'occasion de son premier voyage à Moscou, il fut convenu qu'au rapprochement économique correspondraient désormais des rencontres « au sommet », au moins une fois par an. Cette pratique, inaugurée par Georges Pompidou, persista au-delà de sa mort et tout au long du septennat de Valéry Giscard d'Estaing.

Les relations franco-soviétiques furent aussi facilitées par l'évolution décisive du problème allemand. Après l'arrivée au pouvoir du chancelier Brandt, celui-ci entama une nouvelle politique à l'Est (Ostpolitik). Elle aboutit au rétablissement des relations diplomatiques entre l'Allemagne de l'Ouest et tous les Etats communistes de l'Europe de l'Est, à la reconnaissance formelle des frontières issues de la guerre, en particulier de la ligne Oder-Neisse comme frontière occidentale de la Pologne, et enfin à la normalisation des rapports entre les deux Allemagnes. A la suite de quoi, la France, comme tous les autres pays occidentaux, établit des relations diplomatiques avec l'Allemagne de l'Est, dont le statut international fut ainsi consacré.

Mais les rapports franco-soviétiques s'inscrivirent aussi dans le cadre de deux négociations internationales : l'une proposée à l'origine par les pays de l'Est sur les conditions générales de la sécurité en Europe, l'autre sur l'équilibre des forces et leur éventuelle réduction sur le théâtre européen.

C'est Georges Pompidou qui insista pour que la première ne se préoccupe pas seulement de la sécurité mais aussi de la coopération entre Etats. De là vint que la conférence qui se réunit à Helsinki s'appela « Conférence sur la sécurité et la coopération en Europe » (CSCE). Elle devait aboutir, à la fin de la présidence de Georges Pompidou, aux accords d'Helsinki qui, tout en confirmant l'intangibilité des frontières issues de la dernière guerre mondiale et des traités de paix qui l'avaient suivie, proscrivaient toute intervention étrangère dans les affaires intérieures des Etats et prévoyaient, dans leur troisième « corbeille », le principe de la liberté de circulation des hommes et des idées, qui devait être régulièrement invoqué durant les années suivantes par ceux qui, dans les pays de l'Est, luttaient pour la libéralisation de leurs régimes.

Quant à la négociation sur la « réduction mutuelle et équilibrée des forces » (MBFR), la France refusa d'y participer : c'était une négociation de bloc à bloc, alors qu'elle ne voulait faire partie d'aucun et que ses forces n'étaient intégrées dans aucun.

III. — La politique française et les Etats d'Indochine

Le gouvernement français favorisa, pour tout ce qui dépendait de lui, les négociations engagées par le Président Nixon et Henry Kissinger, en particulier les pourparlers secrets dont les intermédiaires furent deux personnalités françaises, connues pour les amitiés qu'elles avaient parmi les dirigeants vietnamiens — Raymond Aubrac et Jean Sainteny. Et le rôle qu'il joua ainsi resserra les relations entre Paris et Washington et surtout les liens personnels entre Georges Pompidou et Richard Nixon, en même temps qu'il consacrait l'autorité que la France s'était acquise par ses condamnations répétées de la guerre du Vietnam.

En revanche, l'affaire cambodgienne sépara nettement les positions française et américaine. Le coup d'Etat — dont beaucoup crurent, à Paris, qu'il était d'origine américaine — qui renversa le régime du prince Sihanouk, allait directement à l'encontre de la politique française en faveur de l'indépendance et — autant que ce fut possible — de la neutralité du Cambodge. L'intervention de l'armée sud-vietnamienne en territoire cambodgien — évidemment décidée, financée et rendue militairement possible par les Etats-Unis — confirma le gouvernement français dans sa conviction que la politique américaine n'aurait pour effet que d'étendre la guerre du Vietnam et d'en aggraver les conséquences.

Enfin, les bombardements américains sur les grandes villes du Nord-Vietnam, en vue d'amener celui-ci aux concessions que les Etats-Unis réclamaient à la conférence de Paris, en entraînant la destruction de l'ambassade de France à Hanoï et la mort de l'ambassadeur Susini, firent que le fossé entre les positions française et américaine sur l'Indochine persista jusqu'au bout, c'est-à-dire jusqu'à la conclusion des accords de Paris de janvier 1973.

IV. — Les problèmes monétaires

Georges Pompidou ne pensait pas que la France était appelée à jouer un rôle monétaire déterminant. Il tenait cependant à affirmer les conceptions françaises dans le domaine monétaire international. Suivant en cela le général de Gaulle, il était convaincu qu'il n'y a pas de système monétaire international valable sans parités fixes et qu' « il n'y a de parités fixes que par rapport à quelque chose qui échappe aux manipulations de l'un et de tous, c'est-à-dire l'or ». L'asymétrie du système monétaire international faisait du dollar l'unique monnaie de réserve et ceci avait des conséquences difficilement admissibles sur l'équilibre mondial. Un système monétaire reposant sur l'or représenterait, par contre, un élément de contrainte extérieure s'imposant à tous et obligerait tous les pays, Etats-Unis compris, à rééquilibrer leur balance des paiements.

Georges Pompidou estimait ainsi qu'il n'était pas raisonnable de doter un pays du privilège de battre monnaie sur le plan international, la tentation de créer de la monnaie étant trop grande pour que les Etats-Unis n'y succombent pas. La convertibilité du dollar en or, mais aussi dans les autres monnaies ne pouvait manquer d'être remise en cause. Et c'est bien ce qui s'est produit.

Le système monétaire international se dégradait depuis le rétablissement de la convertibilité des monnaies européennes et japonaise en 1958. Très longtemps, les Etats-Unis ont pu laisser croire que la prétendue surévaluation du dollar n'était que le reflet de la sous-évaluation des autres devises. Et de fait, le mark allemand dut être réévalué en 1969, et le franc suisse en 1971. Pourtant, après 1970, la position américaine devint intenable : les créances en dollars détenues par le reste du monde s'élevaient à 60 milliards en 1971, alors que les réserves d'or des Etats-Unis ne dépassaient pas 10 milliards. Dans le climat de méfiance qui en résultait, il était inévitable que la convertibilité du dollar en or fût suspendue. Vint le moment où la tentation de laisser flotter les monnaies se généralisa. Le 15 août 1971, les autorités américaines décidaient l'inconvertibilité du dollar en or mais aussi dans les autres monnaies, le refus de la convertibilité des droits de tirage spéciaux et une surtaxe de 10 % sur les importations.

Georges Pompidou n'était pas pris au dépourvu ; dès le 10 juillet, il avait donné des indications pour la préparation d'un double marché des changes. Le gouvernement français restait attaché aux changes fixes et à la définition des parités en or. Il confirmait le maintien du franc à sa parité et annonçait qu'il proposerait aux partenaires européens de réserver aux seules transactions portant sur des marchandises l'accès au marché des changes fonctionnant suivant les règles du Fonds monétaire international. L'attitude française incita les partenaires européens à adopter une attitude ferme vis-à-vis des Etats-Unis. Elle amena également le Président Nixon à se tourner vers Georges Pompidou. La conférence des Açores entre les deux Présidents, les 13 et 14 décembre 1971, eut un caractère surtout monétaire. Son succès permit aux ministres des Dix de définir une nouvelle grille de parités qui entérinait une dévaluation du dollar. Elle élargissait également les marges de fluctuation, de part et d'autre de la parité officielle, de 2 % à 4,5 % entre les cours maximaux et minimaux (accords du Smithonian Institute, Washington, le 19 décembre 1971).

Le problème majeur pour les négociateurs français était de décider s'il était préférable de rechercher une solution mondiale ou régionale, c'est-à-dire européenne. Dans le second cas, les Américains auraient été, *a priori,* exonérés de tout effort, les Etats qui seraient restés fidèles aux changes fixes auraient été contraints de définir une politique commune vis-à-vis du dollar et enfin la question de la valeur relative du franc français et du mark allemand n'aurait pu être évitée. Georges Pompidou choisit donc de rechercher la définition d'une grille mondiale des parités incluant le dollar et le yen ; l'accord le plus large possible avec les Etats-Unis était d'autant plus nécessaire que le franc demeurait alors la seule monnaie importante définie selon un taux de change fixe et avec un système de double marché des changes dont le fonctionnement impliquait que l'écart entre le taux commercial et le taux financier ne dépasse pas un seuil trop élevé. Si la crise durait le double marché français était destiné à s'effondrer.

Georges Pompidou et Valéry Giscard d'Estaing avaient obtenu une dévaluation du dollar et le maintien de la parité du franc. C'était indiscutablement un grand succès puisque les conceptions françaises avaient prévalu, mais l'accalmie monétaire fut de courte durée et la fluctuation des monnaies se généralisa en mars 1973. Le flottement européen concerté, dans le cadre du serpent monétaire des accords de Bâle du 24 avril 1972, a été la préfiguration du Système monétaire européen mis en place en 1979. Dès lors, c'est à travers la construction européenne que la France cherchera à faire prévaloir la stabilité des changes.

V. — Nouvelles étapes
de la construction européenne

Georges Pompidou, convaincu — comme l'était aussi le général de Gaulle — que la Grande-Bretagne finirait bien par entrer dans la Communauté, se donna pour but que l' « élargissement » de celle-ci se fît en même temps que seraient satisfaites les exigences françaises concernant son « achèvement » et son « approfondissement ».

C'est à sa demande que se réunit la conférence de La Haye, les 1er et 2 décembre 1969. Il fit inscrire l'*achève-*

ment du Marché commun agricole à son ordre du jour. Pour la France, l'adoption d'un règlement financier agricole définitif, le 22 décembre 1969, constituait le préalable à l'ouverture, le 30 juin 1970, des négociations d'adhésion avec la Grande-Bretagne, le Danemark, l'Irlande et la Norvège. Les autorités françaises étaient devenues favorables à un élargissement de la Communauté ; elles prenaient de plus en plus nettement conscience de la nécessité d'apporter pour l'avenir un contrepoids à la puissance économique de l'Allemagne qui s'engageait, à nouveau, dans la voie de l'*Ostpolitik*.

Les craintes que faisait peser sur l'Europe le déficit chronique de la balance des paiements des Etats-Unis n'ont pas été étrangères au déblocage de la coopération monétaire. La Haye donna le départ au projet d'Union économique et monétaire.

La méthode retenue fut celle des étapes successives ; seuls le contenu de la première étape et la description du stade final de l'UEM firent l'objet des travaux du comité Werner. Pour la France, l'union monétaire devait prendre le relais de l'union douanière ; une relance de la construction européenne et un progrès de l'intégration permettraient de compenser les risques de moindre cohésion inhérents à l'élargissement prévisible de la Communauté.

La souplesse introduite dans le plan Werner par la méthode des étapes facilita son adoption par le Conseil des Ministres qui se réunit cependant deux fois pour concilier les points de vue français, favorable à l'approche monétaire, et allemand, favorable à l'approche économique. La conférence de Hambourg (22 mars 1971) transforma le plan Werner en une définition d'objectifs généraux sur une période de dix ans (1971-1980), et en un ensemble de mesures pour la première étape (1971-1974). La seconde étape ne devait être entamée que si le Conseil des Ministres constatait, à l'issue de la première, que les conditions étaient réunies ; c'était la clause allemande. La position française était prudente : intégrer immédiatement au niveau européen des économies aussi dissemblables que l'allemande et la française risquait d'être un pari dangereux pour la France, si celle-ci ne devenait pas auparavant une grande puissance industrielle. C'était la motivation profonde de la priorité industrielle, caractéristique majeure du VIe Plan. Pendant cinq ans, le mouvement de concentration et de restructuration des entreprises françaises fut ininterrompu. La tourmente monétaire réduisit très vite à néant les espoirs de réalisation d'une union monétaire à une échéance prévisible. L'objectif était cependant fixé, il sera poursuivi par Valéry Giscard d'Estaing et François Mitterrand ; chacun donnant, en son temps, l'impulsion nécessaire à la progression de l'idée monétaire européenne. Une inflexion était donnée à la politique européenne française :

— l'indépendance doit être recherchée au travers de l'Europe, seule capable de résister aux *grands ensembles* ;
— l'impossibilité de restaurer un ordre monétaire international stable conduit à soutenir une entité monétaire européenne ;
— pour conserver une influence réelle en Europe, la France doit devenir une nation industrielle et favoriser le rééquilibrage de la Communauté en soutenant l'*élargissement*.

VI. — Les crises du Proche-Orient

Georges Pompidou savait, quand il devint Président, l'ampleur et l'âpreté des critiques suscitées par la politique que le général de Gaulle avait menée au Proche-Orient, surtout à l'égard du conflit israélo-arabe. Mais il avait été fermement partisan de cette politique et il était résolu à ne pas en changer. Sa résolution à cet égard se renforça et même se durcit à la suite de deux épisodes qu'il jugea significatifs : les manifestations dirigées contre lui à Chicago, qu'il considéra comme un défi et une insulte qu'il était décidé à relever, le départ clandestin pour Israël de vedettes basées à Cherbourg et placées sous embargo depuis la guerre de juin 1967, qui révélait, à ses yeux, les complaisances et complicités dont le gouvernement israélien bénéficiait dans certains milieux et qui fut l'occasion de sanctions exemplaires.

Une première occasion s'offrit de préciser la politique

française et d'en montrer les orientations quand, après des détournements d'avions — sans effusion de sang — par une organisation minoritaire de l'OLP, les unités bédouines aux ordres du roi Hussein de Jordanie procédèrent à un véritable massacre de Palestiniens, en septembre 1970. Le gouvernement français rendit alors publique une déclaration suivant laquelle le problème palestinien ne pourrait plus être, d'aucune façon, considéré comme une question de réfugiés à indemniser ou réinstaller, mais comme un problème politique, nécessitant une solution politique.

Une seconde occasion s'offrait avec la guerre d'octobre 1973, déclenchée par l'attaque de l'Egypte, appuyée par la Syrie, contre Israël. Le gouvernement français fit d'abord savoir par la voix de son ministre des Affaires étrangères, Michel Jobert, que s'agissant de l'offensive égyptienne et syrienne, « vouloir remettre les pieds chez soi n'était pas une agression ». Puis il chercha à mobiliser ses partenaires européens en faveur de ses thèses sur le Proche-Orient. Il y parvint par les déclarations des 13 octobre et 6 novembre, où quatre principes étaient adoptés par les Etats de la Communauté :

— aucune annexion des territoires par la force n'est admissible ;
— les territoires occupés depuis 1967 doivent être évacués ;
— tous les Etats de la région doivent pouvoir vivre dans des frontières « sûres et reconnues » ;
— une paix juste et durable doit tenir compte des droits légitimes des Palestiniens.

VII. — Crise pétrolière et affrontement franco-américain

La guerre d'octobre 1973 allait déboucher sur une crise pétrolière dégénérant en crise économique qui aurait des conséquences à long terme et, à court terme, sur une crise des relations franco-américaines.

Le 17 octobre, en effet, les pays producteurs de pétrole décidaient de se servir de leurs richesses comme d'un instrument de pression pour aboutir à un règlement politique au Proche-Orient : ils annoncèrent une réduction de 5 % par mois de leurs exportations, réduction portée à 25 % le 6 novembre. Mais ils distinguèrent en même temps les pays « amis » comme la France, autorisés à acheter autant que durant les neuf premiers mois de 1973, et les pays « ennemis », dont les Etats-Unis et la Hollande.

Très vite, la diplomatie française allait agir pour qu'il soit mis fin à la discrimination dont les importations hollandaises étaient l'objet. Mais, allant au-delà des réactions ponctuelles et des mesures d'économie d'énergie, les dirigeants français allaient chercher à faire prévaloir des solutions politiques à long terme et de grande envergure.

Le Premier Ministre, Pierre Messmer, fut à l'origine d'une proposition de coopération globale, régulière et organisée entre pays européens et pays producteurs de pétrole. Partant de l'idée que la crise pétrolière traduisait non pas un affrontement passager mais une volonté des pays producteurs de mieux prendre en mains et d'exploiter leurs ressources pour le développement de l'ensemble de leurs économies et de leurs sociétés, il préconisait, au lieu d'une confrontation qui entraînerait inévitablement des dégâts économiques, sociaux et peut-être politiques, l'établissement de rapports de type nouveau, inspirés du principe de coopération.

Georges Pompidou, de son côté, évoquant les dangers d'un tête-à-tête exclusif des Etats-Unis et de l'URSS, fit à ses partenaires européens deux propositions :

— des réunions régulières des chefs d'Etat ou de gouvernement des « neuf » en vue d'organiser leur coopération politique ;
— une prochaine réunion des ministres européens des Finances pour assurer la stabilité des monnaies des pays de la Communauté.

La politique française allait s'opposer tout de suite à la diplomatie américaine, celle-ci, en effet, voulait qu'à l'occasion d'une « année de l'Europe » des relations globales soient rendues « organiques » entre les pays européens, n'ayant que des « intérêts régionaux » et les Etats-Unis chargés de « responsabilités à l'échelle du monde ». La France estimait d'abord qu'en « globalisant » les rapports entre l'Europe et les Etats-Unis, ceux-ci pourraient user de leur rôle de protecteur militaire des pays européens de l'OTAN pour faire pression sur leurs partenaires afin de faire prévaloir leurs vues dans les domaines économique, monétaire et commercial. De plus, elle voulait que les pays européens définissent eux-mêmes entre eux leur attitude, avant de dialoguer éventuellement avec les Etats-Unis. Et l'homme qui incarna la résistance française aux pressions américaines fut alors Michel Jobert qui avait succédé au ministère des Affaires étrangères à Maurice Schumann, après les élections législatives de 1973.

Il fut convenu que les gouvernements européens définiraient leurs positions dans trois textes différents.

— L'un sur l'Alliance atlantique, deviendrait la « déclaration d'Ottawa », renouvelant l'adhésion des pays membres de l'Alliance et à son esprit, comportant une référence à l'utilité pour toute l'Alliance de la force de dissuasion nucléaire française, et qui serait adopté après l'élection de Valéry Giscard d'Estaing.

— Une déclaration sur l'identité européenne.

— Une déclaration sur les relations entre les Etats-Unis et la Communauté.

Ces deux derniers textes furent examinés au « Sommet » qui se réunit à Copenhague le 14 décembre 1973, comme suite à l'initiative prise par Georges Pompidou le 31 octobre. Mais sur deux points essentiels, ils allaient provoquer de graves heurts avec les Etats-Unis.

Reprenant l'idée d'une coopération organisée entre pays producteurs de pétrole et pays européens, lancée par Pierre Messmer, quatre ministres représentant les Etats arabes étaient venus à Copenhague pour en discuter. Les Européens se mirent, en principe, d'accord pour une « approche globale » des rapports entre eux et les pays pétroliers, mais, sur l'intervention pressante des Etats-Unis, les partenaires de la France en retranchèrent les questions pétrolières, ce qui revenait à la vider de toute substance. C'est que le gouvernement américain venait de proposer que se tienne à Washington une conférence sur les problèmes de l'énergie, comprenant les Etats-Unis, le

Japon et les pays de la Communauté, c'est-à-dire les principaux Etats consommateurs. Les Européens se mirent, en principe, d'accord sur une position commune, excluant toute confrontation producteurs-consommateurs, mais Michel Jobert, arrivant dans la capitale américaine, constata aussitôt qu'ils ne s'y tenaient pas, ce qui le poussa à leur lancer ironiquement : « Bonjour, les traîtres ! » De fait, tous les partenaires européens de la France souscrivirent aux propositions américaines et adhérèrent à l' « Agence internationale de l'énergie » qui devait être l'instrument d'une stratégie de confrontation : la France, elle, s'y refusa et ne devait jamais y adhérer.

Le « sommet » de Copenhague avait aussi donné son aval à une déclaration sur les rapports entre les Etats-Unis et la Communauté, qui fut présentée à Washington par le ministre danois des Affaires étrangères, et aussitôt rejetée par Henry Kissinger. C'est que le gouvernement américain voulait que la coopération politique entre pays européens ne se fît pas en dehors des Etats-Unis et exigeait en conséquence qu'en cette matière des liens « organiques » soient établis entre eux et la Communauté. Le secrétaire d'Etat américain se faisait alors très intransigeant, confiant à la presse qu'il préférait qu'il n'y ait pas du tout d'union européenne, si elle devait être influencée par la France. On en discutait encore, mais vainement, quand, le soir du 9 avril, on apprit la mort de Georges Pompidou : la résistance de la France n'avait pu être surmontée par ses partenaires, et il ne fut plus question de liens « organiques » entre les Etats-Unis et la Communauté.

Chapitre IX

LE SEPTENNAT
DE VALÉRY GISCARD D'ESTAING

L'année où Valéry Giscard d'Estaing devint Président de la République est marquée par deux changements majeurs sur la scène internationale. Un changement d'hommes d'abord : en 1974, le Président Nixon est contraint de démissionner sous le choc de l'affaire du Watergate et Gerald Ford lui succède ; en Grande-Bretagne les travaillistes reviennent au pouvoir avec Harold Wilson comme Premier Ministre, remplacé plus tard par James Callagham ; en Allemagne, le chancelier Brandt cède la place à Helmut Schmidt. Et bientôt l'effacement, puis la mort de Mao Ze Dong, et celle de Chou en Lai laisseront la totalité du pouvoir à Deng Hsio Ping. Mais un autre changement intervenait en même temps : après trente années d'expansion presque continue, l'économie occidentale entrait en crise.

Et, à ces deux changements, s'en ajoutera un autre, à la fin du septennat : ce sera la fin d'une longue période de détente et le début d'une nouvelle phase de la guerre froide. Valéry Giscard d'Estaing va mener, dans ces conditions, une politique qui, à beaucoup d'égard, sera marquée par la continuité mais qui, en même temps, comportera beaucoup d'initiatives et de réactions nouvelles aux changements qui se produisent sur la scène internationale.

I. — Continuité
de la politique étrangère française

En de nombreux domaines c'est la continuité qui pré-vaut dans l'action extérieure du nouveau Président de la République. Héritier de la politique suivie par le général de Gaulle et par Georges Pompidou, il en connaît les rai-sons, les résultats et les problèmes puisque à trois ans près il a été constamment membre des gouvernements de ses deux prédécesseurs.

1. **La politique de défense.** — Au début de son septen-nat, Valéry Giscard d'Estaing annonce qu'il va procéder à une réflexion d'ensemble sur la politique française de défense. Plusieurs de ses premières déclarations laissent prévoir une inflexion de la stratégie française, en parti-culier quand il envisage que l'Europe occidentale soit le théâtre d' « une seule bataille », ce qui pouvait suggérer que la stratégie française évolue, du moins en partie, vers une conception plus proche de la « riposte graduée » qui prévoit, en effet, de vastes affrontements à la fois conven-tionnels et nucléaires. Le général Méry, chef d'état-major particulier du Président et bientôt chef d'état-major des Armées, laisse publier un article où il envisage, mais seu-lement à titre de possibilité et d'hypothèse, que la France puisse prendre part à « la bataille de l'avant ». Ces pro-pos suscitent de vives réactions de la part des défenseurs de la stratégie française. Le ministre de la Défense, Yvon Bourges, en corrige l'effet et s'attache à restaurer la ri-gueur de la doctrine de dissuasion adoptée jusque-là. Et Valéry Giscard d'Estaing lui-même, ayant écarté la tenta-tion de changement qu'on lui avait suggérée, ne reviendra pas sur les principes de la stratégie française, quitte à marquer que les intérêts vitaux de la France restaient mis en jeu par des menaces sur les voisins européens de la France.

En tout cas, malgré l'effort nouveau consenti en faveur de la situation des personnels — dont les désordres surve-nus dans les garnisons montrent les difficultés — le déve-loppement des capacités nucléaires reste l'axe principal de l'effort de défense. Une nouvelle génération de sous-marins nucléaires lance-engins est mise en construction. Le remplacement du missile tactique Pluton par le missile Hadès, d'une portée de 350 à 450 km, est décidé, et celui de la bombe AN52 par le missile air-sol à moyenne portée. Et, surtout, les missiles M-20 sont remplacés sur chaque sous-marin nucléaire par 16 missiles M-4 à six têtes nucléaires chacun, dont la mise en service va multiplier la capacité de destruction de la force océanique stratégique.

2. **La politique de coopération.** — Valéry Giscard d'Estaing attribuera beaucoup d'importance aux relations franco-africaines qui deviendront le champ principal de la politique française de coopération. Pour lui donner plus d'ampleur il décide de réunir chaque année une conférence franco-africaine qui comprendra bientôt des Etats qui ne faisaient pas naguère partie de l'Afrique française. Et la France sera le premier pays européen à reconnaître le nouveau régime angolais où le principal parti nationaliste, le MPLA, l'a emporté sur ses rivaux et résiste à la rébellion de l'UNITA soutenue par l'armée sud-africaine, grâce à l'aide d'un corps expéditionnaire cubain.

Les relations franco-africaines furent encore améliorées par l'indépendance accordée à la Côte française des Somalis, puis par celle des Comores, bien que le refus de Mayotte de suivre le sort du reste de l'archipel ait suscité de vives critiques de la part de nombreux Etats du Tiers Monde.

Mais Valéry Giscard d'Estaing a voulu aussi développer la coopération entre la France et les trois pays du Maghreb : Algérie, Tunisie et Maroc. Dans ce but, c'est en Algérie qu'il fait son premier voyage officiel à l'étranger où il est le premier chef d'Etat français à se rendre depuis qu'elle est indépendante. L'effet psychologique de ce voyage est considérable mais ses effets politiques resteront limités. Toutefois, après une période de refroidissement qu'expliquent en partie les soupçons de l'Algérie à l'égard du soutien trop exclusif donné au Maroc après la décolonisation de l'ancien Sahara occidental espagnol, les relations franco-algériennes s'améliorent très sensiblement à la fin du septennat, en particulier sous l'impulsion du ministre Jean-François Poncet.

Valéry Giscard d'Estaing aurait voulu donner un tour nouveau aux relations entre les pays industrialisés et sous-développés face aux conséquences du « choc pétrolier » et à la crise économique qui commençait. Dès le début de son septennat il entreprit donc de réunir une conférence internationale sur l'établissement d'un « nouvel ordre économique international » qui eut regroupé les principaux pays occidentaux, des pays grands producteurs et d'autres représentatifs du Tiers Monde. Deux réunions se tinrent à Paris, mais qui aboutirent à un constat d'échec : les Etats-Unis demeuraient opposés à toute organisation des relations économiques entre pays industriels et Tiers Monde et plus précisément à toute organisation internationale du marché des matières premières, surtout pour le pétrole.

3. **L'Asie du Sud-Est.** — Quand Valéry Giscard d'Estaing arriva au pouvoir, les accords de Paris avaient mis fin, depuis plus d'un an, à la guerre du Vietnam et les forces américaines s'étaient retirées. Toutefois, la lutte continuait au Sud-Vietnam, le régime de Saigon ne parvenant ni à s'assurer l'appui de la majorité de la population, ni à empêcher le développement d'une opposition armée où se mêlaient l'activité des maquis sud-vietnamiens et la présence croissante de l'armée nord-vietnamienne. La diplomatie française refuse de soutenir exclusivement et sans condition le régime du Président sud-vietnamien Thieu, comme le lui demandait le gouvernement américain. Jusqu'au bout elle s'efforça de favoriser l'élargissement ou le remplacement du gouvernement de Saigon. Mais toutes ses démarches furent repoussées jusqu'aux dernières heures précédant la chute de Saigon, où le remplacement du Président Thieu par le général Minh intervint beaucoup trop tard pour influer sur le cours des événements.

La chute de Saigon fut suivie du renversement du régime pro-américain du Cambodge par les Khmers rouges. Là aussi, la diplomatie française avait essayé de favoriser le retour au pouvoir du prince Norodom Sihanouk et le départ du gouvernement Lon Nol compromis par sa trop grande dépendance envers les Etats-Unis. Mais là aussi la politique américaine s'opposa jusqu'au bout aux démarches françaises. La victoire des Khmers rouges aboutit à une rupture de fait entre le Cambodge et la France, le nouveau régime s'opposant à toute forme de présence occidentale, même diplomatique. Au contraire, les relations avec le Vietnam réunifié se développèrent régulièrement, marquées par les visites successives du Premier Ministre Pham Van Dong à Paris et celles du secrétaire général du ministère des Affaires étrangères, puis du ministre lui-même, Louis de Guiringaud, à Hanoi, deuxième ministre des Affaires étrangères du septennat.

L'intervention vietnamienne au Cambodge qui eut pour effet de renverser le régime des Khmers rouges puis le bref mais violent conflit entre la Chine et le Vietnam remirent en cause la politique française dans le Sud-Est asiatique. La France condamna cette intervention et ses relations avec le Vietnam en furent naturellement affectées. Elle ne reconnut pas le nouveau gouvernement cambodgien mais, contrairement aux autres pays occidentaux, elle refusa d'admettre que l'ancien gouvernement khmer rouge continue d'occuper le siège du Cambodge aux Nations Unies.

4. **Le Proche-Orient.** — Valéry Giscard d'Estaing était résolu à maintenir les orientations de la politique française au Proche-Orient. Il en vint même à lui donner une impulsion nouvelle qui fit de la France l'Etat occidental le plus en flèche dans la recherche d'un règlement de la question palestinienne. Dès le 21 octobre 1974, le premier ministre des Affaires étrangères du septennat, Jean Sauvanargues, rencontrait le président du comité exécutif de l'OLP, Yasser Arafat, à l'ambassade de France à Beyrouth. Un an plus tard, le 31 octobre 1975, le gouvernement français décidait « d'autoriser l'Organisation de Libération de la Palestine (OLP) à ouvrir à Paris un bureau d'informations et de liaisons ». Il acceptait en même temps que l'Assemblée générale des Nations Unies reçoive Yasser Arafat et que l'OLP soit admise, à titre d'observateur, dans plusieurs organisations internationales. Surtout, Valéry Giscard d'Estaing lui-même se prononça en faveur du droit des Palestiniens à l'autodétermination et, plus

précisément, du droit des Palestiniens à avoir une patrie : il était le premier chef d'Etat occidental à le faire. Enfin, il fut pour beaucoup dans l'adoption par l'ensemble des chefs d'Etat ou de gouvernement de la Communauté européenne de la « déclaration de Venise » qui préconisait un règlement de paix au Proche-Orient sur la base de la reconnaissance de tous les Etats de la région, y compris d'Israël, et du droit des Palestiniens à l'autodétermination, y compris à la formation d'une patrie ou d'un Etat. Ce fut le point de départ d'une « démarche européenne » visant à préparer la mise en œuvre future des principes de la « déclaration de Venise » que l'on aurait fait adopter par l'Organisation des Nations Unies.

La politique française au Proche-Orient fut aussi confrontée à partir de 1975 à la guerre civile du Liban. Elle s'en tint toujours au principe de l'indépendance et de l'intégrité du pays et voulut s'abstenir de tout geste qui eût impliqué son engagement en faveur de l'une ou l'autre des forces en présence. Devant l'aggravation dramatique de la guerre civile Valéry Giscard d'Estaing annonça le 20 mai 1976 que la France était disposée, si toutes les parties en présence le lui demandaient, à envoyer au Liban des forces qui participeraient au contrôle d'un cessez-le-feu : mais cette offre fut refusée de tous côtés. En outre, le développement des relations franco-arabes de toute nature aboutit en particulier à un accord franco-irakien sur la construction d'un réacteur nucléaire destiné à des recherches civiles et à la production d'énergie.

La politique française eut enfin à prendre position sur les négociations entamées avec Israël par le Président égyptien Anouar el Sadate qui aboutirent aux accords de Camp-David. Elle avait pris parti antérieurement pour un projet de conférence internationale et s'en tint à cette position, inspirée par la nécessité d'un règlement global de la crise du Proche-Orient. Tout en approuvant l'aspect israélo-égyptien des accords de Camp-David, elle constata que ceux-ci n'étaient pas de nature à régler le problème palestinien et que, de ce fait, ils ne correspondaient pas à un véritable règlement de paix au Proche-Orient.

II. — La concertation occidentale

Convaincu que la crise économique appelait de la part des Etats industrialisés un comportement nouveau et concerté, Valéry Giscard d'Estaing prit l'initiative de proposer aux chefs d'Etat et de gouvernement des grands pays industrialisés qu'ils se réunissent régulièrement. Ce fut le point de départ des « sommets » entre pays « les plus riches du monde ». Le premier se tint à Rambouillet en 1975. Le but initial en était surtout de mettre sur pied une réforme du système monétaire international. Les « sommets » occidentaux devaient aboutir ainsi aux accords de la Jamaïque de 1978 qui consacraient apparemment l'abandon des positions que la France avait défendues jusque-là sur le rôle de l'or dans le système monétaire et sur la fixité des taux de change. Ces accords ne furent jamais ratifiés par la France en raison de l'opposition conjuguée des communistes, des socialistes et du RPR. Toutefois les « sommets » qui se tinrent durant tout le septennat de Valéry Giscard d'Estaing demeurèrent exclusivement consacrés aux questions économiques et monétaires.

III. — Les initiatives européennes

Sous la présidence de Valéry Giscard d'Estaing, la construction européenne allait connaître des impulsions nouvelles. D'abord pour les institutions politiques, avec la transformation des « sommets » européens en un « conseil européen » et avec l'élection de l'Assemblée européenne au suffrage universel. Mais aussi pour l'édification d'une Europe économique avec l'institution d'un système monétaire européen (SME). Enfin, pour l'élargissement de la Communauté avec la renégociation de l'adhésion britannique et les candidatures successives de l'Espagne, de la Grèce et du Portugal.

1. **Les institutions politiques.** — Pour le Président français, la relation franco-allemande avait un rôle moteur de *facteur d'émulation,* malgré des divergences de plus en plus fortes dans le domaine agricole. Deux initiatives ma-

jeures de Valéry Giscard d'Estaing reçurent le soutien du chancelier Schmidt. Elles conduisirent, d'une part, à la décision prise à Paris, les 9 et 10 décembre 1974, de transformer les sommets de chefs d'Etat et de gouvernement en conseils européens se réunissant régulièrement, et, d'autre part, à la proposition de Copenhague, les 7 et 8 avril 1978, de créer un Système monétaire européen.

Non prévu par le traité, le Conseil européen permet à ses membres — chefs d'Etat ou de gouvernement et président de la Commission européenne — de procéder à des échanges de vue informels et de trancher au niveau politique le plus élevé sur les questions importantes que le Conseil des Ministres n'aurait pu résoudre.

Valéry Giscard d'Estaing, pour accélérer la construction européenne, signa l'Acte de Bruxelles du 20 septembre 1976 prévoyant le principe d'une élection directe du Parlement européen. Raymond Barre, confronté aux hésitations du RPR, fut amené à engager la responsabilité de son gouvernement sur le projet de loi autorisant la ratification. Il avait pris la précaution d'y insérer un article mettant en garde contre toute extension des pouvoirs de l'Assemblée pouvant porter atteinte à la souveraineté nationale. C'est qu'en effet, accorder à un organe purement communautaire une légitimité démocratique ne pouvait que renforcer la supranationalité européenne. Alors que le Parlement s'était vu attribuer, au départ, un rôle essentiellement consultatif, la pression constante exercée par les parlementaires et certains gouvernements favorisait l'émergence de ses pouvoirs. L'Assemblée se vit donc notamment attribuer une coresponsabilité en matière budgétaire. L'élection du 10 juin 1979 fit apparaître un clivage à l'intérieur de chaque camp politique ; les communistes exerçant une pression anti-européenne sur les socialistes et les RPR sur la liste giscardienne de Simone Weil ; les abstentionnistes représentant presque 40 % du corps électoral.

2. **Le système monétaire européen.** — La Communauté économique européenne, avec dix ans de retard, donna, le 13 mars 1979, un contenu réel à ses projets d'union économique et monétaire. Le SME était en effet le fruit des efforts déployés depuis la Conférence de La Haye de dé-

cembre 1969. Entre-temps, l'environnement économique et monétaire mondial avait été bouleversé : depuis le flottement du dollar (1973), le régime des changes fixes avait pris fin ; depuis 1974, la croissance avait cédé la place à la récession. Alors que la plupart des monnaies fluctuaient, et en particulier le dollar, le SME instaurait la stabilité des taux de change entre les monnaies des pays membres. En choisissant ainsi d'aller à contre-courant, les Européens n'avaient pas opté pour la voie la plus commode. En effet, lorsque la création de l'UEM fut proposé à La Haye, en 1969, l'idée était plus facilement réalisable que dix ans plus tard. D'une part, le système de Bretton-Woods fonctionnait encore, d'autre part, les taux d'inflation des pays membres de la CEE étaient relativement bas et voisins. En 1979, le niveau moyen, plus élevé, de l'inflation et la divergence des taux nationaux faisaient de l'union monétaire un objectif plus difficile à atteindre, mais aussi plus impérieux.

L'unification monétaire paraissait en effet liée à la réalisation d'un Marché commun effectivement fondé sur des politiques communes de développement économique. Les relations commerciales entre pays de la CEE étaient gênées, surtout pour les petites et moyennes entreprises, par la multiplication des divergences monétaires et des barrières non tarifaires. La politique agricole commune reposait, en outre, sur l'unicité du prix communautaire des produits agricoles. Or, les variations successives des taux de change avaient rendu le système de prix agricoles de plus en plus aberrant. Ainsi, les montants compensatoires monétaires, qui avaient été établis à la demande de la France lors de la dévaluation de 1969, ont eu des effets pervers ; ils revenaient à subventionner les exportations agricoles des pays à monnaie forte et à pénaliser celles des pays à monnaie faible. Aux perturbations provoquées par les variations de change intra-européennes, s'ajoutaient celles qui résultaient des conséquences pour le dollar des politiques monétaires et budgétaires américaines, les Etats-Unis ne gérant leur monnaie qu'en fonction des seuls objectifs de politique intérieure. De 1971 à 1978, l'Europe tenta de contenir la désorganisation monétaire. Elle n'y parvint que très imparfaitement. La mise en place du serpent avait pour fonction de pallier la faillite des parités fixes de Bretton-Woods, mais ce système se révéla trop contraignant. Certains pays (la Grande-Bretagne et l'Italie) préférèrent, très vite, un choix plus facile, c'est-à-dire la solution nationale, le flottement isolé. D'autres, dont la France, ne purent suivre le mark allemand, considéré comme la principale monnaie refuge devant la faiblesse du dollar. En 1978, l'Europe pouvait être divisée en deux groupes : les pays à monnaie forte (RFA et Benelux) et les pays à monnaie faible (Italie, Grande-Bretagne et France). Les écarts des taux de change des monnaies communautaires s'étaient creusés, et avaient même dépassé les écarts de taux d'inflation. Entre les accords de Washington de décembre 1971 et le Conseil de Brême de juillet 1978, la dépréciation par rapport à la monnaie allemande fut de l'ordre de 56 % pour la lire italienne, de 54 % pour la livre sterling, de 27 % pour le franc. Une telle évolution ne pouvait se poursuivre sans gravement menacer le Marché commun. C'est là l'origine de l'impulsion franco-allemande.

Au-delà des raisons communes, cette initiative reposait aussi sur des motivations spécifiques. Pour le Président français, la création du SME pouvait soutenir la politique mise en œuvre en France. La libération des prix industriels, les efforts pour augmenter les profits et diriger l'épargne vers l'industrie, l'abandon des « canards boiteux » visaient à assurer une modernisation en profondeur de l'industrie française. Laisser le franc hors du serpent serait revenu à admettre que la France ne faisait plus partie du même groupe de pays que la République fédérale. Les changes fixes demeurant la position traditionnelle de la France, l'idée centrale était de s'appuyer sur la discipline imposée par ce régime de change, pour limiter l'inflation et pour réduire les écarts entre les taux européens.

La mise en place de l'ECU — European Currency Unit —, nouvelle unité de compte, représente sans doute la principale innovation du système monétaire européen. L'ECU en est la pièce centrale :

— numéraire, dans la fixation des cours pivots des monnaies européennes ;

— référence, dans le fonctionnement de l'indicateur de divergence, qui permet de déceler les monnaies s'approchant des seuils de fluctuation autorisés ;
— dénominateur, pour les interventions de change et pour les crédits dont l'ampleur a été sensiblement accrue en comparaison de ce qui était prévu dans le serpent ;
— moyen de règlement entre les autorités monétaires.

Utilisé en premier lieu, dans le cadre officiel, par les banques centrales, l'ECU a progressivement séduit d'autres agents privés ou publics, principalement des institutions communautaires et des banques commerciales. Alors que l'usage officiel ne connaissait pas l'ampleur prévue, un marché de l'ECU se développa rapidement. Dans le SME de 1979, l'ECU était l'embryon d'une monnaie européenne ; ou ce qui, à l'époque, pouvait le plus s'en rapprocher.

3. **De l'Europe des Neuf à l'Europe des Douze.** — Le 1er janvier 1973, la Grande-Bretagne entrait dans la Communauté, en même temps que le Danemark et l'Irlande. Dès 1974, elle renégociait les conditions financières de sa participation et recherchait un aménagement de la Communauté conforme à ses vues. La question litigieuse était celle de la répartition des avantages et des charges entre les membres. Le Royaume-Uni devait respecter la règle de la *préférence communautaire,* prévue par le traité de Rome : pour protéger les agriculteurs de la CEE, l'importation de produits moins chers en provenance du reste du monde donnait lieu à un *prélèvement,* taxe versée à la caisse commune de la Politique agricole commune. Puisque la Grande-Bretagne continuait à acheter des quantités importantes de produits agricoles, en particulier de la viande, à l'Australie ou à la Nouvelle-Zélande, elle reversait des sommes importantes qui finançaient la PAC. Londres estimait que ces paiements, conséquences du mécanisme d'écluses aux frontières, devaient être comptabilisés comme une contribution normale à la PAC alors que ses partenaires refusaient cette assimilation. Il fallut attendre dix ans avant qu'un compromis soit trouvé, au

Conseil de Fontainebleau des 25-26 juin 1984 sur la compensation budgétaire réclamée par Londres.

Valéry Giscard d'Estaing, dans la tradition de la Vᵉ République, était également favorable au recentrage de la Communauté vers les pays du Sud. La candidature grecque fut soutenue sans restrictions et la démocratie hellène accédait à la Communauté dès le 1ᵉʳ janvier 1981. La position française était cependant plus restrictive envers l'Espagne et le Portugal ; lorsqu'en 1979 les négociations s'ouvrirent, le paysage européen était marqué par la contestation budgétaire britannique et par les revendications des catégories socioprofessionnelles et politiques hostiles à l'entrée de l'Espagne (agriculteurs et pêcheurs notamment).

IV. — Les crises

Sous le septennat de Valéry Giscard d'Estaing la France fut impliquée, à des degrés divers, dans plusieurs crises qui survinrent en Afrique et au Moyen-Orient.

1. **Le Sahara occidental.** — En novembre 1975, l'accord conclu à Madrid sur l'abandon par l'Espagne du Sahara occidental aboutit au partage du pays entre le Maroc et la Mauritanie. Sur place, les Saharaouis adhérant au Front Polisario s'y opposèrent les armes à la main. Ils reçurent le soutien actif de l'Algérie qui, après avoir fait connaître son désintéressement à l'égard du sort de l'ancienne colonie espagnole, se dressa contre l'expansion territoriale du Maroc, l'alignement de la Mauritanie sur la politique marocaine et contre une solution imposée aux Saharaouis.

Valéry Giscard d'Estaing laissa entendre que l'Algérie n'ayant pas de revendications territoriales au Sahara occidental, il lui avait paru « conforme au bon sens de laisser s'entendre entre eux le Maroc et la Mauritanie » et qu'il estimait « regrettable la multiplication des micro-Etats ». De sorte qu'en dépit de ses assurances de neutralité il fut ouvertement accusé par l'Algérie d'avoir pris fait et cause pour le Maroc. La crise s'aggrava en mai 1977 quand la prise d'otages français à Zouerate amène l'extension du champ d'action des avions français Jaguar qui aident la Mauritanie contre les activités du Front Polisario. Elle ne se résoudra qu'après le renversement du Président Moktar Ould Daddali en Mauritanie, ses successeurs renonçant à leur part de l'ancien Sahara espagnol. L'intervention militaire française cessa et le ministre Jean-François Poncet se fit l'artisan de la réconciliation franco-algérienne.

2. **Le Zaïre.** — A deux reprises, en 1977 et 1978, la France intervient au Zaïre. Dans les deux cas il s'agit d'appuyer le régime du Président Mobutu contre les entreprises du Front national de Libération du Congo (FNLC). Celui-ci a ses bases arrière en territoire angolais : il passe pour être soutenu par le gouvernement MPLA d'Angola, lui-même soutenu par un corps expéditionnaire cubain et par l'assistance financière et militaire de l'Union soviétique. Le gouvernement angolais a, du reste, de bonnes raisons de mettre en difficulté le régime zaïrois, celui-ci facilitant notoirement la rébellion de l'UNITA. Quoi qu'il en soit, quand le FNLC fait une première incursion au Shaba, en 1977, le gouvernement français met des avions de transport à la disposition des unités marocaines envoyées sur place au secours du régime du Président Mobutu. L'année suivante, une deuxième incursion du FNLC fait redouter des représailles contre les 500 Français travaillant dans la région. Quand il apparut que ceux-ci étaient effectivement menacés et pouvaient être retenus en otages, il fut décidé, cette fois, que des parachutistes français sauteraient sur Kolwezy, à la fois pour protéger les ressortissants européens et français et pour mettre en échec les opérations du FLNC. L'opération se déroula en très peu de jours et fut considérée comme un remarquable succès technique et comme une aide décisive apportée au régime zaïrois. Le gouvernement français la présenta comme un coup d'arrêt au développement de l'influence soviétique et cubaine en Afrique.

3. **Le Tchad.** — Au moment où Valéry Giscard d'Estaing arrivait au pouvoir, les dissidents tchadiens dirigés par Hissen Habré détenaient en otage l'ethnologue française Françoise Claustre. L'affaire, après plusieurs péripéties, ne se régla que lorsque Hissen Habré fut écarté de la direction de la dissidence et remplacé par Goukouni Weddeye qui, en liaison avec le colonel Kadhafi, libéra Françoise Claustre et l'achemina jusqu'à Tripoli. Après que Tombalbaye eut été renversé et remplacé par le colonel Malloum, celui-ci, face à la montée des rébellions que la Libye aidait en sous-main, obtint une deuxième intervention militaire française. Mais elle n'eut pas plus de succès que la précédente. Le colonel Malloum fut à son tour renversé et remplacé par un « gouvernement d'union nationale » présidé par Goukouni Weddeye. Puis, quand Hissen Habré, qui en était le ministre de la Défense, tenta de prendre le pouvoir, et qu'une guerre civile commença,

Goukouni Weddeye fit appel à un corps expéditionnaire libyen, et Hissen Habré fut contraint de se réfugier au Soudan avec ses partisans. Un projet d'union entre le Tchad et la Libye fut alors annoncé, auquel la France s'opposa, n'y voyant qu'une annexion déguisée de l'un par l'autre.

4. **L'Iran.** — Durant les quatre premières années du septennat de Valéry Giscard d'Estaing, la France entretenait de très bonnes relations avec l'Irak comme avec l'Iran. Mais quand la lutte contre le régime du Shah prit une ampleur croissante, le gouvernement irakien, inquiet de développements éventuels d'une révolution iranienne, expulsa l'ayatollah Khomeiny, principal inspirateur et guide religieux de la révolte, et ce dernier arriva en France. Le gouvernement français, devant l'activité qu'il déployait, se demanda s'il devait l'expulser. Bien qu'il ne voulût pas apparaître comme l'instrument du régime iranien, il consulta le Shah qui fit savoir qu'il préférait que Khomeiny reste en territoire français. De surcroît, il savait que le Shah avait perdu toute assise réelle dans son propre pays et que la lutte contre son régime était soutenue par toutes les forces sociales et toutes les catégories politiques.

Le déclenchement de la guerre irano-irakienne fut une nouvelle épreuve pour la politique française. Tout en préservant les relations économiques, politiques et même militaires de la France avec l'Irak, et en s'abstenant de condamner l'agression irakienne, Valéry Giscard d'Estaing considérait l'Iran comme le pays le plus important de la région et tenait à faire en sorte que les relations franco-iraniennes demeurent aussi bonnes que possible.

V. — Les rapports avec l'Est :
de la détente à la nouvelle guerre froide

Quand Valéry Giscard d'Estaing arriva au pouvoir, la détente était devenue la règle générale des rapports Est-Ouest. Valéry Giscard d'Estaing voulait aller dans le même sens et, comme il le dit à Leonid Brejnev en le recevant à Rambouillet le 5 décembre 1970, « passer avec vous du stade de la détente à celui de l'entente ». Les deux hommes se mirent d'accord pour donner un caractère régulier et statutaire à leurs rencontres, pour que la conférence finale sur la sécurité et la coopération d'Helsinki se fasse « au sommet » et pour que ne soit pas évoquée, du côté français, une « défense européenne ». Lors de son voyage à Moscou en octobre 1975, Valéry Giscard d'Estaing évoqua la possibilité d'une « détente idéologique » qui accompagnerait la détente elle-même : mais les Soviétiques lui répondirent que les luttes idéologiques ne dépendaient pas d'un arrangement diplomatique mais de la compétition entre forces sociales et politiques, et il n'en fut plus question par la suite.

Les relations franco-soviétiques s'assombrirent durant les années 1976-1978 quand, après l'établissement de régimes communistes au Sud-Vietnam, au Cambodge et au Laos, l'Union soviétique étendit son influence en Angola et en Ethiopie et quand les interventions françaises au Zaïre parurent destinées à en arrêter l'expansion en Afrique. Mais même quand on en revient à la guerre froide dans les relations Est-Ouest, après le déploiement des missiles soviétiques ss-20 et l'intervention soviétique en Afghanistan, Valéry Giscard d'Estaing tint à préserver le caractère particulier et régulier des relations franco-soviétiques et ne renonce pas à la recherche de la détente. Lors de la conférence de la Guadeloupe, en janvier 1979, entre lui, le Président Carter, le chancelier Schmidt et le Premier Ministre britannique James Callagham, il prit part aux discussions qui conduirent à la « double décision » de l'OTAN de répondre au déploiement des ss-20 par l'installation d'euromissiles américains en Europe et d'offrir à l'Union soviétique une négociation sur la double renonciation aux ss-20 et aux euromissiles, mais il refusa de soutenir publiquement le déploiement des Pershing II et missiles de croisière sol-sol américains, d'abord parce que la France n'en acceptait pas sur son territoire, parce que sa stratégie ne s'appuyait pas sur ces systèmes d'armes et parce qu'il préférait que la réponse française soit la mise en construction d'une nouvelle génération de missiles balistiques sol-sol destinée à compléter ou remplacer ceux du plateau d'Albion.

De même, après l'intervention soviétique en Afghanistan, que la France condamna, préféra-t-il ne pas envisager d'accorder une aide militaire aux maquis — que d'autres pays leur assuraient — et voulait-il en parler personnellement à Leonid Brejnev qu'il rencontra le

19 mai 1980 à Varsovie. Valéry Giscard d'Estaing tenait à lui dire les conséquences négatives de l'intervention soviétique sur la détente, les limites à ne pas dépasser et la nécessité d'une solution politique aboutissant à un retrait soviétique, et surtout à maintenir un contact direct avec lui.

Malgré les critiques dont il fut alors l'objet Valéry Giscard d'Estaing voulut donc jusqu'au bout préserver l'orientation générale de la politique française envers l'Est.

Chapitre X

FRANÇOIS MITTERRAND :
LA POLITIQUE ÉTRANGÈRE RÉVISÉE

Le 10 mai 1981, l'élection de François Mitterrand annonçait qu'une révision de la politique étrangère française allait intervenir. Il avait âprement critiqué celle menée par le général de Gaulle et, dans la dernière période du septennat de Valéry Giscard d'Estaing, il avait accusé celui-ci de faiblesse et de timidité envers l'Union soviétique. De plus, les événements récemment intervenus — intervention soviétique en Afghanistan, guerre irako-iranienne, affaire de Pologne — allaient favoriser les inflexions que François Mitterrand voulait donner à l'action extérieure de la France.

I. — Le nouveau contexte international

Au moment où François Mitterrand arrivait au pouvoir il n'était plus question de détente internationale : le terme même était banni du vocabulaire diplomatique. L'affaire d'Afghanistan avait donné lieu aux réactions véhémentes des pays occidentaux, et surtout des Etats-Unis : seul, en Allemagne fédérale, le chancelier Helmut Schmidt répétait sans cesse qu'il fallait « préserver les acquis de la détente ». L'affaire de Pologne contribuait aussi à la tension entre l'Est et l'Ouest. En France surtout, où existe une sensibilité plus vive qu'ailleurs à ce qui est polonais, l'affrontement entre le gouvernement du général Jaruzelski et le syndicat Solidarité dirigé par Lech

Walesa était vivement ressenti, et la proclamation de l'état de siège par le gouvernement polonais était considérée comme le résultat d'une pression soviétique. L'Europe était elle-même le théâtre d'un affrontement politique directement issu de l'aggravation des tensions Est-Ouest : il s'agissait du projet de déploiement en Grande-Bretagne, Italie, Allemagne, Hollande et Belgique, d'euromissiles américains, c'est-à-dire de missiles balistiques Pershing-2 et de missiles de croisière sol-sol, en réplique à celui des missiles soviétiques ss-20. Ceux-ci, d'une portée de 3 500 à 4 500 km, étaient d'une précision suffisante — 300 m au maximum — pour être employés à la destruction de forces adverses et non plus seulement contre des concentrations économiques ou démographiques, de sorte que leur emploi aurait été dangereusement efficace contre l'ensemble des forces conventionnelles — ou même nucléaires tactiques — de l'OTAN, et que ces armes donnaient un avantage considérable à qui s'en servirait en premier et, si possible, par surprise. Bien que d'autres systèmes d'armes, du côté occidental, aient eu les mêmes possibilités, l'OTAN, en décembre 1979, avait répliqué en décidant le déploiement des Pershing-2 et missiles de croisière sol-sol et en proposant l'ouverture de négociations sur les systèmes d'armes nucléaires « à portée intermédiaire », et toute l'affaire était devenue un enjeu nouveau dans l'affrontement Est-Ouest.

C'est dans ce contexte, marqué par un retour à la guerre froide, que François Mitterrand allait réorienter profondément la politique étrangère française.

II. — Révision des rapports avec l'Est

Aussitôt après son arrivée au pouvoir François Mitterrand procéda à une modification décisive de la politique inaugurée par le général de Gaulle à l'égard de l'URSS. Il mit fin à la pratique des « sommets » annuels entre dirigeants français et soviétiques et gela les relations politiques entre les deux pays. Leurs relations économiques elles-mêmes subirent un coup d'arrêt et l'emprise du COCOM — l'organisme atlantique chargé de contrôler les échanges Est-Ouest —, qui avait été fortement relâchée pendant les dernières années, se fit plus étroite et plus rigoureuse.

L'aggravation des tensions en Pologne suscita l'adoption par l'OTAN et la Communauté européenne, avec l'appui de la France, de sanctions économiques contre l'URSS, d'ailleurs plus symboliques qu'effectives, et, pendant plus de trois ans, François Mitterrand n'allait se rendre que dans un seul pays de l'Est, la Hongrie où la libéralisation du régime, surtout pour le fonctionnement de l'économie, se poursuivait.

Le ton se fit plus dur à propos de l'affaire d'Afghanistan et on fit savoir qu'il ne serait pas question d'établir des relations avec le gouvernement cambodgien de Pnom Penh, et que la France condamnait sans ambages l'intervention militaire vietnamienne au Cambodge. Il en résulta que durant les années suivantes la présence française dans les pays d'Indochine fut pratiquement nulle.

Cependant, l'intérêt de la France pour la diversification et la sécurité de ses approvisionnements énergétiques conduisit François Mitterrand à décider que serait respecté l'accord conclu avec l'Union soviétique tant pour les achats français de gaz sibérien que pour la participation de l'industrie française à la construction du gazoduc qui l'acheminerait en Europe occidentale. Et, sur ce point, il résista aux très vives pressions que les Etats-Unis exercèrent pour l'annulation des contrats signés par les gouvernements précédents.

III. — Révision des rapports avec les Etats-Unis

L'engagement du gouvernement français dans la guerre froide facilitait évidemment un rapprochement significatif entre Paris et Washington. Il se traduisit dès le « sommet » de Toronto en juillet 1981, comme au cours des « sommets » suivants, par le ralliement de la France à la pratique nouvelle des « sommets » qui, désormais, loin d'être une simple concertation sur les moyens de lutter contre la crise économique, devinrent avant tout l'instrument de la reconstitution du bloc occidental, de sa consolidation et de son institutionnalisation. Toutes les questions politiques internationales furent dès lors mises à leur ordre du jour et firent l'objet de positions communes largement déterminées par les choix américains et qui témoignaient de la cohésion du bloc occidental.

Au « sommet » de Bonn, pourtant, en 1985, la France s'opposa à ce que le communiqué final traduise un soutien unanime à l'Initiative de Défense stratégique (IDS) du Président Reagan : à Paris, on considérait en effet que le projet américain de système spatial anti-missiles, outre qu'il n'était vraisemblablement pas réalisable à échéance prévisible, pourrait être mis en échec par des contre-mesures et que, surtout, il remettait en cause la parité nucléaire entre les deux plus grandes puissances puisqu'il tendait à empêcher les missiles soviétiques d'atteindre le sol américain, tandis que les missiles américains pourraient toujours frapper le territoire soviétique et alors que le maintien de la paix avait reposé jusque-là, en grande partie, sur cette parité nucléaire.

De même, François Mitterrand fit-il des réserves formelles sur les entreprises américaines contre le Nicaragua où, en 1980, la dictature de Somoza avait été remplacée par un régime révolutionnaire « sandiniste » qui, pour se défendre, fit appel à l'aide de l'Union soviétique et de Cuba, et il tint à ce que des relations régulières soient maintenues entre la France et le Nicaragua. Et il condamna l'intervention militaire américaine à La Grenade.

Mais, au total, les rapports franco-américains furent plus étroits qu'à aucun moment depuis le début de la Ve République, symbolisés par six rencontres successives entre François Mitterrand et le Président Reagan, au cours des deux seules premières années du nouveau septennat.

IV. — La campagne pour les euromissiles

Rompant avec la réserve où Valéry Giscard d'Estaing s'était tenu dans l'affaire du déploiement des Pershing-2 et missiles de croisière sol-sol américains en Europe occidentale, François Mitterrand prit parti en faveur de la décision de l'OTAN. Il le fit publiquement et de façon spectaculaire. Il se rendit à Bonn où, devant le Bundestag, il plaida pour le déploiement des euromissiles américains, soutenant ainsi la position du chancelier Kohl et de sa majorité de droite, heurtant de front le Parti social-démocrate qui y était opposé. Dans tous ses voyages dans les autres capitales européennes il tint le même langage, bien qu'il n'acceptât pas davantage que son prédécesseur que des euromissiles américains soient installés sur le sol français au moment même où il encourageait leur déploiement sur le territoire des autres.

V. — La politique française en Afrique

Dans un discours prononcé à Cancun, au Mexique, François Mitterrand fit ressortir l'importance capitale, à ses yeux, de l'aide aux pays en voie de développement et, comme ses prédécesseurs, il voulut en faire l'un des axes principaux de sa politique étrangère. Mais l'insertion de la France dans la guerre froide et son rapprochement avec les Etats-Unis allaient en limiter la portée politique.

La France s'abstint soigneusement de tout geste qui put l'impliquer dans le conflit qui opposa le Maroc à l'Algérie dans l'affaire du Sahara occidental et voulut équilibrer ses relations avec chacun des trois pays du Maghreb. Mais, succédant à une période souvent difficile dans les relations franco-algériennes, celles-ci surtout connurent un développement significatif. François Mitterrand se rendit à Alger en décembre 1981, et la négociation sur la fourniture de gaz algérien à la France aboutit trois mois plus tard à un accord conclu par le ministre des Relations extérieures Claude Cheysson.

François Mitterrand maintint la pratique des conférences franco-africaines inaugurées par son prédécesseur et désormais élargies à un nombre croissant d'Etats qui n'avaient pas fait partie de l'ancienne Afrique française. Ce fut lors de la première conférence franco-africaine qu'il présida, à Paris, qu'il obtint du Président tchadien Goukouni Weddeye que celui-ci demande le départ des unités libyennes venues à son secours quelques mois plus tôt quand Hissène Habré, alors ministre de la Défense d'un gouvernement d'union nationale, avait tenté de s'emparer du pouvoir. L'armée libyenne se retira aussitôt, mais bientôt Hissène Habré revenait du Soudan avec ses partisans armés et prenait le pouvoir à N'Djamena. Au mois d'août 1983, Goukouni Weddeye, appuyé par l'armée libyenne, revint à la charge et ses troupes, prenant l'oasis de Faya-Largeau, se dirigèrent vers le sud. François Mitterrand décida de faire intervenir un corps expéditionnaire qui bloqua leur avance. Un accord intervint en septembre 1984 pour le retrait simultané des forces françaises et libyennes, mais certaines unités libyennes restèrent aux abords de la frontière dans la région du Tibesti, et cela ne manqua pas d'altérer le climat de la rencontre à Chypre entre François Mitterrand et le colonel Kadhafi. Au début de 1986 de nouveaux affrontements entre partisans de Goukouni Weddeye et de Hissène Habré décidèrent une fois de plus la France à intervenir par un appui logistique à l'armée tchadienne et par l'installation sur place de bases aériennes françaises. L'aviation française intervint activement contre les installations libyennes et l'aide militaire française permit à l'armée tchadienne de reprendre Faya-Largeau puis de défaire ses adversaires à la bataille de Ouadi-Doum. Cependant, quand elle parvint jusqu'à la bande d'Aouzou, dont la possession était revendiquée par le Tchad et par la Libye, elle en fut chassée par une contre-offensive de l'armée libyenne. Par la suite, une détente intervint entre les deux pays, chacun restant sur ses positions, et leurs relations se normalisèrent après le renversement de la dictature de Hissène Habré.

VI. — La politique française au Proche-Orient

François Mitterrand, qui avait été très hostile à la politique inaugurée par le général de Gaulle au Proche-Orient, souhaitait rétablir de bonnes relations entre la France et Israël et, bien qu'il ait approuvé les accords israélo-égyptiens de Camp-David, il ne voulait pas que soient méconnus les droits politiques du peuple palestinien. Il amorça donc une évolution de la politique française dans cette région du monde.

1. **Les rapports avec Israël.** — Le rapprochement franco-israélien fut l'un des objectifs permanents de la politique étrangère menée par François Mitterrand. Tout au long de sa présidence, il reçut très fréquemment les dirigeants israéliens et s'appliqua à donner à ces rencontre le caractère le plus chaleureux. Il voulut même être le premier chef d'Etat français à se rendre en Israël, et bien que l'Etat hébreu vînt d'annexer le Golan qu'il occupait depuis juin 1967, et bien qu'un nouveau conflit parût alors prévisible, il y alla en mars 1982. Devant la Knesset, à Jérusalem, il célébra l'amitié franco-israélienne mais fit expressément référence au droit des Palestiniens à l'autodétermination, y compris à la fondation d'un Etat.

2. **La guerre du Liban.** — Le 6 juin 1982, au moment même où s'achevait à Versailles un nouveau « sommet » des pays industrialisés qui consacrait une fois de plus la cohésion renforcée du bloc occidental, la guerre reprenait au Proche-Orient, l'armée israélienne déclenchant une offensive contre le Liban et contre les Palestiniens installés en territoire libanais. La politique française prit nettement position contre l'initiative israélienne et, après l'encerclement de Beyrouth et le cessez-le-feu, elle s'efforça d'assurer le départ des combattants palestiniens dans des conditions suffisantes de sécurité et de dignité en participant activement à la force internationale d'interposition. Le contingent français se retira aussitôt après le contingent américain, mais quand survinrent les massacres des Palestiniens à Sabra et Chatila François Mitterrand le renvoya aussitôt sur place afin d'éviter que de nouveaux massacres ne se produisent.

En même temps, la diplomatie française saisit l'occasion qu'offrait le conflit de relancer ses propositions en vue d'une solution globale du conflit israélo-arabe sur la base du droit des Etats de la région, y compris Israël, à l'existence et à la sécurité et du droit des Palestiniens à l'autodétermination, y compris à la formation d'un Etat. L'Egypte, dont la France cherchait à favoriser le retour au sein du camp arabe d'où elle était exclue depuis les accords de Camp-David, soutint les propositions françaises. Les deux pays présentèrent ensemble un projet de résolution devant le Conseil de sécurité des nations : mais les Etats-Unis lui opposèrent leur veto.

Par la suite, la France intervint aussi pour faciliter le départ de Tripoli de Yasser Arafat et de ses partisans alors qu'ils étaient aux prises avec les dissidents de l'OLP appuyés par la Syrie. Enfin, le déclenchement de l'*intifada,* c'est-à-dire de la révolte des Palestiniens de l'intérieur, amena le gouvernement français à rappeler plus instamment la nécessité d'un règlement politique qui reconnut les droits politiques du peuple palestinien. Et après que le Conseil national de l'OLP, en octobre 1988 à Alger, eut admis l'existence d'Israël et confirmé son opposition au terrorisme tout en proclamant la naissance d'un Etat palestinien, François Mitterrand décida d'inviter le leader de l'OLP, Yasser Arafat, à Paris, où il l'accueillit le 2 mai 1989.

3. **Le conflit irano-irakien.** — Dès le début du septennat de François Mitterrand, la France se trouva concernée par les événements d'Iran : l'asile politique accordé à l'ancien Président iranien Bani Sadr, qui avait réussi à fuir son pays, fit craindre des représailles de la part du gouvernement iranien, peut-être comparables à l'occupation de l'ambassade américaine à Téhéran qui n'avait cessé que depuis quelques mois. On décida donc le rapatriement de tous les ressortissants français en Iran et le rappel de presque tout le personnel de l'ambassade de France, ce qui fut interprété par le gouvernement iranien comme une quasi-rupture entre les deux pays. Dès lors, Paris allait s'engager dans une politique de soutien actif et parfois spectaculaire à l'Irak. Les raisons en étaient diverses : l'importance de l'Irak dans le commerce extérieur français, en particulier pour la vente de matériels militaires sophistiqués, la crainte d'un débordement de la révolution islamique dans les pays voisins, le désir d'équilibrer en faveur des pays arabes le rapprochement amorcé avec Israël. Quoi qu'il en soit, le soutien français à l'Irak se traduisit en d'importants crédits et de considérables

livraisons d'armes. Il approcha même d'une situation de cobelligérance quand l'Aéronavale française prêta à l'aviation irakienne des avions Super-Etendard équipés de missiles Exocet.

VII. — Politique étrangère et terrorisme

L'engagement français en faveur de l'Irak eut pour résultat l'hostilité véhémente envers la France des forces politiques et religieuses qui, au Proche-Orient, se sentaient solidaires de la Révolution iranienne. Ce fut surtout le cas de la communauté chiite au Liban. C'est dans son sein que se recrutèrent les groupes clandestins qui s'emparèrent successivement de dix otages français. Leur libération dès lors fut l'une des préoccupations de la diplomatie française.

Pour l'obtenir il fallait que l'Iran, seule puissance à exercer une véritable influence sur les détenteurs des otages, accepte d'intervenir auprès d'eux : il fallait donc rétablir le dialogue entre Paris et Téhéran. A la différence de son prédécesseur Claude Cheysson, le nouveau ministre des Relations extérieures Roland Dumas en était partisan. Il s'efforça de le rétablir par l'envoi de discrètes missions, dont celle de l'ambassadeur Eric Rouleau, à la veille même des élections législatives de 1986 : mais ce fut en vain, d'autant que la police française venait de livrer à Bagdad deux opposants irakiens, de sympathie pro-iranienne, ce qui heurta davantage encore le gouvernement iranien.

Ces tentatives furent reprises par le gouvernement de Jacques Chirac que François Mitterrand avait nommé Premier Ministre après que les élections de mars 1986 aient substitué à la majorité socialiste à l'Assemblée nationale une majorité composée par le RPR et l'UDF. Ne parvenant pas à obtenir la libération en bloc de tous les otages français — moyennant quoi François Mitterrand était alors prêt à libérer les auteurs de l'attentat contre l'ancien dirigeant iranien Chapour Baktiar réfugié en France —, le nouveau gouvernement parvint d'abord à en faire libérer plusieurs successivement. Mais de graves attentats terroristes eurent lieu à Paris, aux Champs-Elysées, à La Défense et rue de Rennes, et après que la police française eut cru, à tort, pouvoir mettre en cause la famille d'un Libanais détenu en France, Georges Ibrahim Abdallah, il apparut que les auteurs des attentats, dont plusieurs furent arrêtés, se rattachaient à la tendance la plus extrême de la révolution iranienne, qui considérait la France comme un pays ennemi en raison de son soutien à l'Irak. On voulut faire interroger par un juge d'instruction le diplomate iranien Gordji, dont le statut était contesté, et son refus de comparaître aboutit à l'encerclement de l'ambassade iranienne à Paris par les forces de l'ordre tandis qu'en réplique l'ambassade de France à Téhéran était encerclée par la police iranienne. Les relations diplomatiques entre les deux pays furent alors rompues.

Mais les négociations reprirent discrètement, menées cette fois par le ministre de l'Intérieur Charles Pasqua. Elles devaient aboutir entre les deux tours de scrutin de l'élection présidentielle de 1988 à la libération de la totalité des otages français encore détenus — retardée, en réalité, par le détournement d'un avion de ligne américain dont les auteurs étaient des chiites libanais en liaison avec Téhéran — et au rétablissement des relations normales entre les deux pays.

VIII. — Le retour à la détente

Affaiblies par la perspective des élections de mars 1986, qui allaient en effet provoquer un changement de majorité au gouvernement, l'autorité politique et la liberté d'action diplomatique de François Mitterrand le furent encore davantage par l'affaire Greenpace qui survint durant l'été 1985. Averties de l'intention de l'organisation écologiste et antinucléaire Greenpace d'envoyer le bateau *Rainbow Warrior* au large de Tahiti pour perturber les essais nucléaires qui allaient s'y dérouler, les autorités françaises — sans doute au niveau de l'Elysée — décidèrent de neutraliser ce bateau avant qu'il quitte la Nouvelle-Zélande. Devant les difficultés de leur mission, les agents français qui en étaient chargés, le commandant Maffard et le capitaine Prieur — les « Turenge » suivant le pseudonyme qu'ils portaient en se faisant passer pour un couple —, demandèrent à ce qu'elle soit annulée, mais l'ordre leur fut donné de l'exécuter malgré tout. Au cours de l'opération un photographe hollandais qui se trouvait à bord fut tué. Arrêtés, les « Turenge » furent condamnés, bien que le gouvernement français, après avoir donné plusieurs explications contradictoires, ait avoué son rôle et pris la responsabilité de toute l'affaire. Il en résulta une crise aiguë entre la France et la Nouvelle-Zélande que le gouvernement Chirac parvint à résoudre au moyen de compensations commerciales et financières, grâce à quoi les « Turenge » furent libérés et assignés à résidence dans le Pacifique d'où ils revinrent en France, pour raisons médicales, juste avant l'élection présidentielle de 1988.

Cependant, malgré la gêne et l'affaiblissement qui en résultaient pour lui, François Mitterrand garda en main la conduite de la politique étrangère avant comme après le changement de majorité et de gouvernement, et il voulut lui donner un nouvel infléchissement. Sentant que la France ne pouvait se refuser plus longtemps au dialogue avec l'Union soviétique, et que les tensions Est-Ouest allaient peut-être se réduire, il prit l'initiative d'un voyage à Moscou en septembre 1984, mais ce voyage ne fut marqué que par l'exposé des thèses contradictoires des deux pays sur presque tous les sujets. L'année suivante Mikhaïl Gorbatchëv ayant succédé à Anatoli Tchernenko, les relations entre Paris et Moscou commencèrent à s'améliorer sensiblement. Le nouveau dirigeant soviétique choisit de faire en France son premier voyage dans les pays occidentaux à la fin de 1985. Et, à cette occasion, il précisa que ses nouvelles propositions aux Etats-Unis, pour la limitation contrôlée des armements nucléaires, et plus précisément ceux « à portée intermédiaire » n'impliqueraient plus obligatoirement l'arsenal nucléaire français. Cependant, le gouvernement français ne crut pas devoir saisir l'occasion qui s'offrait de se faire le pionnier de nouveaux rapports Est-Ouest et l'artisan d'une nouvelle détente. Un nouveau voyage à Moscou de François Mitterrand en juillet 1986 fit nettement contraste avec le précédent : le dialogue politique y fut très étendu et l'on convint d'une relance des échanges économiques. Cet infléchissement porta aussi sur les relations avec les pays de l'est de l'Europe : François Mitterrand accepta de recevoir le général Jaruzelski, chef de l'Etat polonais, en dépit des critiques qui lui furent alors adressées, et le ministre des Affaires étrangères du gouvernement Chirac, Jean-Bernard Raimond, entreprit lui-même plusieurs voyages en Europe occidentale.

Le retour à la détente, provoqué par le nouveau cours de la politique soviétique, par le dialogue établi entre Mikhaïl Gorbatchëv et le Président Reagan, et par les propositions de désarmement nucléaire faites par Moscou, fut alors encouragé par la politique française. Tout en maintenant ses positions sur l'intangibilité des forces nucléaires françaises, François Mitterrand approuva l'accord américano-soviétique sur la prohibition des armes nucléaires « à portée intermédiaire », ss-20 soviétiques et euromissiles américains, consacré par le traité de Washington du 7 décembre 1987, passant outre aux objections du ministre de la Défense du gouvernement Chirac, André Giraud. Et, par la suite, il ne cessa plus de dire son soutien à la *Peterstroïka* engagée par Mikhaïl Gorbatchëv et à tous les gestes accomplis, à l'Est comme à l'Ouest, en faveur d'un retour à la détente.

IX. — Les changements à l'Est

L'évolution radicale du régime soviétique sous la direction de Mikhaïl Gorbatchëv n'avait généralement pas été prévue dans les pays occidentaux : au contraire, les milieux politiques et la presse, en France comme ailleurs, insistaient encore durant les deux premières années de son gouvernement sur la très grande puissance militaire de l'urss et l'habileté de Mikhaïl Gorbatchëv lui-même à rétablir le prestige et l'autorité internationale de son pays. Comme on l'a vu, François Mitterrand n'avait d'abord accueilli qu'avec réticence les premières démarches du dirigeant soviétique avant d'y voir l'artisan des changements considérables qui étaient en train de se produire à l'Est. Il devint alors l'un des dirigeants occidentaux les plus favorables à Mikhaïl Gorbatchëv, alors même qu'une grande partie des milieux politiques français continuaient de ne voir dans la politique de Mikhaïl Gorbatchëv qu'une tentative nouvelle pour améliorer le fonctionnement du régime soviétique et d'en présenter une meilleure image aux occidentaux. Le compromis conclu entre le général Jaruzielski et le syndicat polonais Solidarité, puis le rétablissement du pluralisme politique en Hongrie annoncèrent l'effondrement de l'ensemble des régimes communistes à l'Est. La fuite vers l'Ouest, à travers la Tchécoslovaquie et surtout la Hongrie, d'un nombre massif d'Allemands de l'Est décida les dirigeants soviétiques à faciliter un changement de gouvernement en République démocratique allemande puis, le 9 novembre 1989, l'ouverture du mur de Berlin qui conduisit à l'effondrement du régime communiste est-allemand.

François Mitterrand, qui fut plus tard critiqué pour son analyse du processus de réunification de l'Allemagne et pour les hésitations ou les retards qu'on lui imputa à cet égard, envisagea publiquement, dès le 3 novembre 1989, le rapprochement entre les deux Allemagnes et leur future unité, mais il prenait en compte, comme les autres dirigeants occidentaux, les réticences graves que l'Union soviétique devrait surmonter avant d'y consentir et les conséquences qui en résulteraient pour l'équilibre européen. Rencontrant Mikhaïl Gorbatchëv à Kiev, il acquit alors la conviction que celui-ci ne s'opposerait pas à la disparition du régime communiste de l'Allemagne de l'Est, et que rien, à terme, ne pourrait empêcher l'unification des deux Allemagnes. Le chancelier de la République fédérale d'Allemagne, Helmut Kohl, après avoir pensé que la réunification de son pays n'interviendrait qu'après un processus de plusieurs années, décida d'exploiter sans attendre la chance qui s'offrait d'y parvenir immédiatement, et il entreprit de le faire sans prévenir ses alliés de la Communauté européenne. François Mitterrand ne chercha pas à s'y opposer mais exigea une reconnaissance définitive et sans ambages par l'Allemagne de ses frontières avec la Pologne, et voulut aussi tenir compte des négociations en cours avec Mikhaïl Gorbatchëv sur les conditions du départ des troupes soviétiques d'Allemagne de l'Est, sur les compensations versées par le gouvernement allemand, sur la limitation à 370 000 hommes des effectifs de l'Allemagne réunifiée et sur la renonciation par celle-ci aux armements non conventionnels. Un accord fut conclu entre l'Allemagne et les quatre anciens vainqueurs de la guerre, l'Union soviétique, les Etats-Unis, la Grande-Bretagne et la France, mettant fin à toutes les séquelles de la Deuxième Guerre mondiale, et François Mitterrand décida de rapatrier la moitié des forces françaises stationnées jusque-là en territoire allemand.

Simultanément, on concluait solennellement à Paris, en novembre 1990, un accord général de tous les Etats membres de la Conférence sur la sécurité et la coopération en Europe (CSCE), sur une réduction considérable des forces conventionnelles sur le théâtre européen. Cet accord, qui faisait suite à un traité américano-soviétique sur la réduction des armements nucléaires stratégiques et qui précédait les décisions parallèles prises à Washington et à Moscou entre septembre et octobre 1991 sur la suppression de la plupart des armements nucléaires tactiques en Europe, fut cependant dépassé très vite par les conséquences de la disparition du pacte de Varsovie, par l'instauration de nouveaux régimes à l'est de l'Europe et par la dislocation générale de l'ancienne Union soviétique.

La politique française qui, par la voix de François Mitterrand lui-même, avait envisagé une future « confédération » entre tous les pays du centre et de l'est de l'Europe, dut cependant affronter la crise yougoslave. Dans une première phase, elle fut hostile à la sécession de la Slovénie et de la Croatie, c'est-à-dire à la dislocation de la Yougoslavie qui ne pouvait aller, en effet, du seul fait de l'interpénétration des populations et du caractère artificiel de ses frontières internes, sans de graves affrontements. Quand elles eurent lieu, en effet, et qu'il fut évident que les Serbes de Croatie n'accepteraient pas de vivre sous une domination étrangère, la France s'opposa vivement à une reconnaissance inconditionnelle de l'Etat croate dont le gouvernement allemand, au contraire, était partisan.

C'est le point de vue allemand qui prévalut, d'abord en faveur de la sécession slovène et croate, puis en faveur de la sécession de la Bosnie-Herzégovine. Là aussi, pourtant, il apparut, comme il était prévisible, que la communauté serbe, ainsi que la communauté croate, ne voulaient pas être incorporées à un Etat nouveau dont les dirigeants musulmans voulaient faire un Etat islamique. La guerre civile qui en résulta conduisit la France à rechercher certains exemples contre la Serbie, mais à refuser une action militaire qui eût été dirigée contre les communautés serbes, et à se contenter d'un soutien armé à l'aide humanitaire aux populations.

X. — La guerre du Golfe

Le 2 août 1990, l'armée irakienne occupa l'émirat du Koweit. Un contentieux opposait les deux pays sur la délimitation des deux frontières et l'exploitation abusive de gisements pétroliers mitoyens par le Koweit durant la guerre irano-irakienne. Dès le lendemain, 3 août, le Président américain George Bush décida d'intervenir sous quelque forme que ce soit pour mettre en échec l'entreprise irakienne. Les 4 et 5 août il fit échouer une tentative de conciliation tentée par plusieurs gouvernements arabes et le gouvernement irakien y répliqua, le 5 août, par l'annexion de l'émirat. La crise qui commençait allait aboutir à la formation de la plus grande coalition réunie depuis la Seconde Guerre mondiale sous l'égide des Etats-Unis, et au déclenchement d'un conflit armé.

Dès les premiers jours d'août, François Mitterrand décida que la France devait prendre part au développement de la crise et qu'elle devait le faire aux côtés des Etats-Unis. Il décida de soutenir l'instauration immédiate d'un blocus de l'Irak, puis d'envoyer une force aéro-navale en mer Rouge et dans le Golfe, et, à la suite d'un incident survenu dans les bâtiments de l'ambassade française au Koweit, d'expédier un contingent terrestre aux côtés des forces américaines qui se déployaient en Arabie Saoudite. Il suggéra, devant l'assemblée générale des Nations Unies, qu'un arrangement politique serait possible si l'Irak annonçait l'intention de se retirer du Koweit. Le gouvernement irakien libéra les otages français qu'il détenait, avant de libérer tous les autres — mais les sondages diplomatiques ne révélèrent aucune possibilité de compromis. Les Etats-Unis firent voter, avec le soutien de la France, une nouvelle motion du Conseil de sécurité de l'ONU autorisant le recours à la force contre l'Irak, et ils écartèrent toutes les suggestions faites par l'Irak ou par d'autres pays arabes en faveur de l'ouverture simultanée de négociations sur tous les problèmes du Proche-Orient, y compris le conflit israélo-palestinien, qui suivraient immédiatement l'évacuation du Koweit. Les 15 et 16 décembre, puis le 2 janvier, la France et l'Angleterre firent échouer une proposition en vue de contacts directs entre la Communauté européenne et l'Irak, et une ultime rencontre à Genève le 6 janvier entre le ministre irakien des Affaires étrangères Tarek Aziz et le secrétaire d'Etat américain James Baker marqua l'échec final des dernières possibilités de négociations. Une dernière proposition française, le 15 janvier, envisageant l'ouverture de pourparlers sur le conflit israélo-arabe après l'évacuation du Koweit, fut écartée sans discussion par les Etats-Unis, et les opérations militaires commencèrent dans la nuit du 16 et 17 janvier.

Deux formations de l'armée de l'air française prirent part à l'offensive aérienne qui se prolongea jusqu'au 19 février et, à cette date, la division « Daguet » commandée par le général Roquejoffre pénétra, avec les forces américaines, en territoires koweitien et irakien. Les hostilités cessèrent le 27 février. Par la suite, la France soutint toutes les initiatives américaines en vue de maintenir un blocus rigoureux de l'Irak.

La politique française dans la crise du Golfe fut critiquée par le Parti communiste, le Front national et un certain nombre de personnalités de l'opposition, telles que l'ancien Premier ministre Maurice Couve de Murville et l'ancien ministre de la Défense André Giraud. Elle le fut aussi par quelques personnalités socialistes, mais surtout par le ministre de la Défense Jean-Pierre Chevènement qui préféra démissionner. D'après les sondages, la majorité de l'opinion publique soutint la politique de François Mitterrand tout en s'opposant à l'entrée en guerre de la France, mais approuva cependant sa participation aux hostilités quand celles-ci furent déclenchées.

Chapitre XI

FRANÇOIS MITTERRAND : VERS L'UNITÉ EUROPÉNNE

Lorsque François Mitterrand arriva au pouvoir, la CEE traversait une longue période de régression ; depuis des années elle s'enlisait dans la double querelle de la contribution britannique et de la réforme de la PAC. La Grèce avait toutefois été admise, mais les agriculteurs méditerranéens français et italiens appréhendaient l'entrée de l'Espagne et du Portugal.

L'intérêt du Président socialiste pour l'Europe transparut d'emblée dans le choix de ses ministres. Il nomma en effet deux personnalités européennes aux postes en relation immédiate avec Bruxelles : Jacques Delors quitta la présidence de la Commission économique et monétaire du Parlement européen pour le ministère de l'Economie et des Finances et Claude Cheysson abandonna les fonctions de commissaire au développement de la CEE pour le ministère des Affaires étrangères. Mais ce fut toutefois en mars 1983 que François Mitterrand opta définitivement pour l'Europe : au prix d'une troisième dévaluation et d'une rigueur accrue, il décida le maintien du franc dans le SME, mettant fin à plus de deux ans de débats internes au gouvernement. Dans la période précédant les élections législatives de 1986, il relança la construction européenne qui bénéficia par ailleurs, le 1er janvier 1985, de l'arrivée de Jacques Delors à la présidence de la Commission. Enfin, il fut l'un des auteurs des accords de Maastricht, instituant une vraie politique européenne et une monnaie unique.

I. — L'Europe agricole et ses problèmes

Pour François Mitterrand il était exclu de faire des concessions sur la contribution financière britannique aussi longtemps que les Anglais feraient de la réforme de la politique agricole commune un préalable. Tant que le Royaume-Uni rejeta le principe d'une réduction de sa ristourne annuelle, Allemands et Français refusèrent de plafonner les dépenses agricoles. En contrepartie, les Britanniques bloquèrent la fixation annuelle des prix jusqu'à ce qu'intervienne un accord sur la discipline budgétaire et le montant du chèque. Outrepassant le veto anglais, un compromis sur les prix agricoles fut voté à la majorité qualifiée en mai 1982. Pour le Président français, la question de la présence de la Grande-Bretagne dans la Communauté était posée. Consciente de l'enjeu, Margaret Thatcher acceptait de réduire ses prétentions de 40 %.

Autre pomme de discorde, le démantèlement des montants compensatoires monétaires. Appliqués pour la première fois après la dévaluation du franc en 1969, ils étaient destinés à enrayer les conséquences des variations de change sur l'unicité des prix agricoles. En effet, après une dévaluation, les prix nationaux exprimés en devises diminuent, les exportations nationales deviennent artificiellement compétitives et les importations sont renchéries. La solution adoptée fut donc de mettre en place un système d'écluses aux frontières destiné à compenser les effets de la dévaluation du franc sur l'unité des prix agricoles : les exportations françaises dans ce secteur étaient taxées et les importations subventionnées. Sur les premières, on percevait des montants compensatoires monétaires, permettant aux producteurs étrangers de vendre sur le marché français, au prix français, en conservant la même recette en unité de compte ; en France, les produits agricoles étaient commercialisés au prix intérieur, et sur le marché communautaire, au prix européen. Les montants compensatoires monétaires permirent de soustraire les échanges agricoles aux effets des variations de change des monnaies européennes.

Très vite cependant, leurs effets négatifs, voire pervers, l'emportèrent : en sus d'alourdir l'administration de la PAC, ils modifièrent les conditions réelles de la concurrence, en favorisant les exportations agricoles des pays à monnaie forte et en incitant les pays à monnaie faible à développer leurs industries de transformation. Au début des années 1980, les dévaluations successives du franc amplifièrent les effets néfastes de ce montage : il fallait donc *démanteler les montants compensatoires*. A l'issue de plusieurs « *marathons agricoles* » ils purent être révisés à la baisse en mai 1983.

François Mitterrand était favorable à l'entrée de l'Espagne et du Portugal ; d'autant plus que les chefs de gouvernement de ces pays, Felipe Gonzalez et Mario Soarès, étaient socialistes, alors que la plupart des dirigeants européens étaient conservateurs. Mais il se devait de protéger les producteurs français de fruits, légumes et vins et les pêcheurs. Contre la volonté de Madrid qui entendait négocier après l'adhésion, le Président français choisit la démarche inverse : d'abord régler les problèmes, ensuite accepter l'élargissement.

II. — L'Europe monétaire

L'analyse que François Mitterrand faisait du Système monétaire européen était politique plus qu'économique.

« Nous nous trouvons dans un cas typique de lutte des classes, à la fois nationale et internationale. Nous ne pouvons compter sur aucun des grands pays capitalistes car pour eux le but est de démontrer que nous ne pouvons pas nous isoler. Ce constat aurait pu nous conduire à quitter le SME, car, finalement, ce système nous lie à ceux qui nous combattent. Les Etats-Unis se comportent aussi, objectivement, comme des ennemis de la France en vertu de leur égoïsme sacré. Nous sommes donc soumis à une guerre internationale, mais c'est une situation politique plus qu'économique. »

Cette reformulation de la position française fut exprimée au Conseil des Ministres qui suivit le réaménagement monétaire du 12 juin 1982, le second du septennat. François Mitterrand attendit encore près d'un an avant de choisir le maintien dans le SME, mettant un terme provisoire au débat qui divisait le gouvernement. Deux écoles s'affrontaient : pour les uns, dont le ministre de l'Economie et des Finances Jacques Delors, seule la discipline imposée par les règles du jeu monétaire européen pouvait permettre à la France de se maintenir dans la concurrence internationale ; pour les autres, dont le futur ministre de l'Economie et des Finances Pierre Bérégovoy, la sortie de la crise pouvait être accélérée en s'échappant des contraintes monétaires européennes qui interdisaient d'abaisser les taux d'intérêt, le maintien d'un niveau élevé des taux d'intérêt étant le seul moyen d'empêcher les sorties de capitaux et la dépréciation du franc, et leur baisse permettant une relance plus rapide de l'expansion.

François Mitterrand attendit d'être raisonnablement convaincu que le meilleur choix était de rester dans le SME et de parier irrévocablement sur l'avenir de l'Europe pour donner raison à Jacques Delors.

La rigueur fut maintenue et renforcée par Pierre Bérégovoy lorsqu'il prit en charge le ministère de l'Economie et des Finances.

Les contraintes imposées par le SME sont en effet beaucoup plus étroites que celles de l'étalon de change or de Bretton-Woods. Malgré certains efforts des Allemands — ils acceptèrent notamment le 1er juin 1982 de réévaluer le mark un peu plus que ce que préconisait la Bundesbank — les trois dévaluations du franc des débuts de la gauche ne permirent pas de ménager le moindre avantage compétitif aux produits français. La conviction des partisans de la politique choisie finalement par François Mitterrand est que, face aux conséquences des variations du dollar et des décisions des autorités américaines sur les monnaies européennes, tout progrès de l'union économique et monétaire est un degré de liberté retrouvé, que l'indépendance partagée est préférable à l'autonomie formelle et nominale d'autorités monétaires dont toutes les décisions seraient, *en fait,* dictées par celles du ou des pays dominants, et qu'en matière monétaire la France pourrait plus efficacement faire entendre sa voix dans le concert européen que seule contre tous.

123

III. — Vers l'union européenne :
les accords de Maastricht

Certes, le choix européen n'était pas partagé par tous les courants du parti de François Mitterrand, notamment parmi les tenants de la sortie du SME. Ils ne furent pas écoutés mais il n'en reste pas moins que, pour un dirigeant socialiste, l'Europe ne peut pas se réduire à celle des marchands. Il fallait compléter le marché unique et la monnaie unique par une Europe sociale. C'était, dès le début du premier septennat, l'ambition du Président Mitterrand. Dix ans plus tard, aux accords de Maastricht, une dimension sociale fut donc ajoutée au grand marché unique, malgré l'hostilité britannique.

1. **L'ECU, monnaie unique.** — Le traité d'Union économique et monétaire décide de l'instauration d'une monnaie unique, au plus tard le 1er janvier 1999. Dans le projet initial de Maastricht, il était prévu que le passage à la troisième phase de l'UEM, comportant la création d'une banque centrale et de la monnaie commune, serait décidé par un vote du Conseil à la majorité qualifiée, soit à la fin de 1996 si les critères de convergence étaient satisfaits, soit à la fin de 1998. Le choix du vote à la majorité qualifiée suppose évidemment un abandon de souveraineté puisqu'un Etat qui aurait manifesté son désaccord pourrait se voir contraint de renoncer à sa monnaie. Il comporte aussi un aléa puisque la majorité pourrait décider de surseoir au saut définitif. François Mitterrand, immédiatement suivi par l'Allemagne, la Belgique, la Grèce, l'Italie et le Luxembourg, souhaitait donner un caractère irrévocable au choix de Maastricht. Il proposa de fixer une date butoir. La solution adoptée fut la suivante :

— si la majorité des Etats membres étaient prêts en 1996, la banque centrale commune serait créée en 1997 et l'ECU deviendrait monnaie commune ;
— si le Conseil ne parvenait pas à s'entendre avant la fin de 1997, deux limites s'imposeraient automatiquement : courant 1998 pour la création de la Banque

centrale commune, le 1er janvier 1999 pour la monnaie unique. Les pays qui satisferont les critères en 1998 auront d'avance renoncé au privilège de battre monnaie.

Sauf à violer un traité international, le passage à la monnaie unique serait irréversible. Seule la Grande-Bretagne pourrait s'y soustraire. Le risque existe donc d'une Europe monétaire à deux vitesses.

2. **Un chapitre social.** — Dès le début de son premier septennat, François Mitterrand voulait ajouter une dimension sociale au grand marché. La question fut toutefois longtemps éludée du débat européen. Plus que la monnaie unique, le social est affaire de choix idéologique. Tant que la France menait isolément une politique de croissance, il n'était évidemment pas envisageable que ses partenaires conservateurs la suivent sur ce terrain. Le retour à la discipline européenne facilita le rapprochement social.

La Charte sociale qui fut adoptée en décembre 1989 n'avait cependant qu'une valeur indicative. Il apparaissait, en fait, que la révision du traité, dans le sens de l'abandon de la règle de l'unanimité au profit de celle de la majorité qualifiée, pour les questions touchant aux conditions d'emploi et de travail, était le seul moyen d'imposer des avancées sociales. Les Britanniques, hostiles à tout abandon de souveraineté, n'entendaient pas davantage accepter des mesures conduisant inévitablement à augmenter le coût de la main-d'œuvre. Les Allemands et les Français estimaient au contraire que la conciliation de l'efficacité économique et de la justice sociale était un des objectifs de l'Europe.

La plupart des pays membres, et plus particulièrement la France, ne pouvaient accepter que la progression vers le marché et la monnaie uniques ne comporte aucune dimension sociale. Il n'était pas non plus envisageable, en particulier par l'Allemagne et les Pays-Bas, de rompre avec la Grande-Bretagne. La solution adoptée, l'Europe sociale à onze sans le Royaume-Uni, préserve les acquis communautaires, en premier lieu l'UEM.

3. Vers l'Union politique.

— Avec celle concernant la monnaie unique, la décision la plus lourde de signification est l'embryon de citoyenneté européenne : le droit qui sera accordé aux électeurs de voter et d'être éligibles pour les scrutins locaux et européens là où ils résident. Les accords de Maastricht prévoient une politique étrangère et de défense commune où les décisions sont prises à l'unanimité — à moins qu'il soit convenu, par décision unanime, qu'il y a lieu de fixer les politiques communes et les moyens de leur mise en œuvre à la majorité qualifiée. La politique de défense, quant à elle, devra être compatible avec les options stratégiques et militaires de l'OTAN.

Les transferts de souveraineté sont monétaires puisque les pays membres renonceront au privilège de battre monnaie. De plus, les compétences de la Communauté sont élargies à la recherche, au développement technologique, à l'environnement et à la politique sociale.

Les transferts de souveraineté prennent encore la forme du renforcement des pouvoirs du Parlement européen. Dans certains domaines, cette assemblée, légitimée par le suffrage universel, dispose de la *codécision,* un droit de veto qui lui est accordé dans la nouvelle Union. Le Parlement donnera également un avis conforme pour la ratification des traités et approuvera la nomination des membres de la Commission.

Le choix européen du Président Mitterrand se traduit par la volonté de donner un caractère irréversible aux décisions prises à Maastricht, qui explique peut-être le choix du référendum pour autoriser la ratification du Traité. Les résultats de la consultation du 20 septembre 1992 révèlent les résistances à l'accélération de la construction européenne de l'électorat ouvrier et rural. Il serait surprenant que l'Europe n'en tienne pas compte.

TABLE DES MATIÈRES

Imprimé en France
Imprimerie des Presses Universitaires de France
73, avenue Ronsard, 41100 Vendôme
Décembre 1992 — N° 38 613